Christian Feldmann

Gottes sanfter Rebell

Joseph Kentenich und seine Vision von einer neuen Welt

Patris Verlag

Bibliografische Information Der Deutschen Bibliothek
Die Deutsche Bibliothek verzeichnet diese Publikation in der Deutschen Nationalbibliografie; detaillierte bibliografische Daten sind im Internet über http://dnb.ddb.de abrufbar.

Vallendar-Schönstatt, www.patris-verlag.de
Umschlaggestaltung: Kluck, Höhr-Grenzhausen
Bearbeitung der Fotos: Thomas Zehnder, Atelier Hostrup
Hildegard Hug, Vallendar
Titelbild: © Hostrup-Zehnder, Schwäbisch Gmünd
Umschlag und Layout: Kluck, Höhr-Grenzhausen
Druck: PBtisk, Tschechische Republik
ISBN 978-3-87620-425-3

Inhalt

Einführung

Ich bin kein Schönstätter.

Als ich Bücher über spirituelle Leitfiguren unserer Zeit schrieb, Frère Roger und Madeleine Delbrêl, Edith Stein oder Papst Johannes Paul II., stieß ich zwar immer wieder einmal auf Pater Kentenich, aber er hat mich nicht sonderlich interessiert.

Ein liebenswürdiger alter Mann mit einem mächtigen weißen Bart, einer schrecklich altmodischen Sprache und merkwürdigen Vorstellungen: Maria als „amtliche Schlangenzertreterin", der man ein „Gnadenkapital" aus Gebeten und frommen Werken zur Verfügung stellen soll, damit sie in einem Kapellchen am Rhein „ihren Thron aufschlägt" und von hier aus die aus der Bahn geratene Welt wieder in die Balance bringt. Was sollte man heute damit anfangen?

Dann versuchte mich Pater Rudolf Ammann vom Patris Verlag für eine Biographie des Schönstatt-Gründers zu begeistern. Um mit einer überzeugenden Begründung ablehnen zu können, befasste ich mich zum ersten Mal näher mit Joseph Kentenich – und war zunehmend fasziniert.

Ich begegnete einem leidenschaftlich in den guten Gott und gleichzeitig in alle verzweifelten, enttäuschten, um sich selbst kreisenden Menschen verliebten Priester, der die müde Hoffnungslosigkeit der zeitgenössischen

Christenheit einfach mit seiner stürmischen Begeisterung überrollte. Der sich nicht mit zaghaften Plänen für heute zufriedengab, sondern gleich vom „Übermorgen“ träumte, von einer wieder jung gewordenen Kirche mit strahlendem Gesicht, von einem neuen Menschen und einer gerechten, friedlichen Weltgesellschaft.

Wie gelang es diesem nicht sehr robusten Priester, KZ und Dunkelhaft, die demütigende Verbannung durch römische Behörden und vierzehn Jahre im Exil ohne Verbitterung zu überstehen und immer nur lächelnd vom „Vorsehungsglauben“ zu reden? Wo nahm dieser alte Mann seine Kraft her?

Dies ist die atemberaubende Liebesgeschichte zwischen Gott und und dem Menschen Joseph Kentenich.

Christian Feldmann

I

DIE KRISE:

Eine Idee von Gott kann man nicht lieben

„Von jetzt ab vergiss mich!“

Das Leben des Priesters Kentenich, der vielen als Paradebeispiel eines modernen Heiligen gilt, begann mit einem ganz alltäglichen Skandal: Sein Vater ließ die Mutter sitzen, als sie schwanger geworden war. Nach den spärlichen Überlieferungen ist er kein übler Zeitgenosse gewesen, Kleinbauer, Bienenzüchter, Gemeinderat und von solidem Lebenswandel: Im Wirtshaus trank er jedesmal nur ein Gläschen Schnaps, und pünktlich um neun Uhr abends machte er sich auf den Heimweg.

Doch heiraten wollte Matthias Joseph Koep (44) die ebenfalls aus dem Kleineleutemilieu stammende Katharina Kentenich (22) nicht; vielleicht fühlte er sich – für damalige Begriffe – auch schon zu alt für eine Ehe. Katharina gab dem am 18. November 1885 im rheinischen Gymnich geborenen Söhnchen zwar in einer zärtlichen Anwandlung den zweiten Vornamen des feigen Herrn Papa, schlug sich aber tapfer alleine durch, als Haushaltshilfe in der Kölner Gegend und in Straßburg. Um den kleinen Peter Joseph kümmerten sich derweil ihre Eltern: herzensgute Leute, die zu ihren sechs eigenen Kindern ein bettelarmes Mädchen adoptiert hatten. Der Großvater starb allerdings, als Joseph erst drei Jahre alt war.

Breschnew und die Himmelfahrtsprozession

Gymnich, 20 Kilometer von Köln an der Erft gelegen und heute in der Großgemeinde Erftstadt aufgegangen, war damals ein kleines Dorf mit großer Geschichte: gegründet in der Römerzeit, benannt nach der dort stationierten *Legio Gemina,* ausgestattet mit einer hübschen Zwiebelturmkirche und einem Renaissanceschloss, in dem die Bonner Regierung ihre Staatsgäste einquartierte. Ganz in der Nähe, in Zülpich, besiegte der Merowinger Chlodwig 496 die Alemannen, worauf er sich zum Dank für himmlische Hilfe taufen ließ und das christliche Frankenreich gründete.

Als im Mai 1978 der russische Staatschef Leonid Breschnew die Bundesrepublik besuchte und im Schloss Gymnich residierte, verlangte die Bundesregierung vom Gymnicher Stadtrat, die traditionelle Reiterprozession an Christi Himmelfahrt zu verschieben. Die selbstbewussten Gymnicher lehnten das mit der Begründung ab, sogar unter den Nazis habe der fromme Ritt immer pünktlich stattgefunden. Bonn musste klein beigeben, und Breschnew wurde auf einer holprigen Seitenstraße in das Schloss geleitet.

Von Josephs Mutter Katharina existiert eine einzige schlechte Fotografie, man weiß wenig von ihr. Aber für sein Leben, seine Spiritualität, seine stürmische Marienliebe war die Mutterbindung entscheidend – nicht nur im positiven Sinn. Sie bezeichnete ihn, als er schon Priester geworden war, als ihr „größtes Erdenglück“ und versprach ihm treuherzig: „Ich helfe Dir durch Gebet und gutes Betragen.“ Pater Kentenich wiederum vertraute einem Mitbruder an, die Mutter habe „wohl den größten Anteil an meinen seelsorgerlichen Erfolgen“.

Es gibt die Theorie, gut katholische Mütter hätten ihre vergötterten Söhne früher gern in den Priesterberuf hineingedrängt, um die Kontrolle über das geliebte Kind nicht zu verlieren und – neben der fernen Gottesmutter – die einzige Frau in seinem Leben zu bleiben. Mag sein; bei Kentenich liegt die Sache nicht so einfach. Denn als vierzehnjähriger Gymnasiast kämpft er in einem zwangsläufig pubertär schwülstig formulierten Gedicht um seine Berufung – und mit „der Mutter Widerspruch“:

> „Mögst meiner Mutter Sinn du lenken,
> die ich nicht gerne möchte kränken,
> auf dass sie mich gewähren lass.“

Die Madonna und der kleine Ausreißer

Die tröstende Geborgenheit in der Mutterliebe, die er als Kind erfahren, und die schmerzliche Suche nach der Nähe des Vaters, die er vermisst hat, wird sein ganzes Leben prägen. Als Katharina Kentenich ihren achtjährigen Liebling 1894 dem Waisenhaus St. Vinzenz in Oberhausen anvertraut, weil sie sich vor lauter Arbeit einfach nicht mehr um ihn kümmern kann und die Großmutter alt und müde geworden ist, hat Joseph vor der Marienstatue in der Kapelle des Waisenhauses ein Schlüsselerlebnis:

Seine Mutter hat eine Kostbarkeit aus ihren ärmlichen Habseligkeiten mitgebracht, ein goldenes Kettchen mit einem kleinen Kreuz, das ihr einst die Patin zur Erstkommunion geschenkt hat. Das hängt sie jetzt der Madonna, die das frische Gesicht einer Bauerntochter hat und ein freundlich die Ärmchen ausstreckendes Jesuskind präsentiert, um den Hals und bittet sie in schlichten Worten, von nun an die Erziehung ihres Söhnchens zu übernehmen. Irdische und himmlische Mutter treffen sich in der Sorge um den kleinen Mann, der sich an diesem Tag sehr wichtig, unendlich geliebt und doppelt behütet gefühlt haben muss – und gleichzeitig einen rasenden Trennungsschmerz erlebt: Mein Vater will nichts von mir wissen, und jetzt gibt mich auch noch die Mutter weg!

Das Waisenhaus, mitgegründet vom Kölner Pfarrer August Savels, Frau Kentenichs Beichtvater, genießt einen guten Ruf. Rund zweihundert Kinder wohnen hier, besuchen die integrierte zweiklassige Volksschule. Das Heim ist sauber, die Sitten sind streng, aber nicht unmenschlich: Schuhe trägt man nur am Sonntag, um das Leder zu schonen, und Fleisch gibt es auch nur am Sonntag – wie in vielen Familien, die sparen müssen.

Ob aus Freiheitsdrang oder Heimweh: Joseph reißt zweimal aus, bei einem dieser Fluchtversuche wird er von der Polizei an seiner Schuluniform erkannt und ins Waisenhaus zurückgebracht; natürlich schämt er sich schrecklich. Er scheint überhaupt ein erfrischend normaler Bengel gewesen zu sein. Das Lernen machte ihm Spass und fiel ihm leicht (neunmal „sehr gut“ und viermal „gut“ im Abschlusszeugnis der Volksschule), aber den damals üblichen Drill mit Auswendiglernen und ständigem Stillsitzen hasste er.

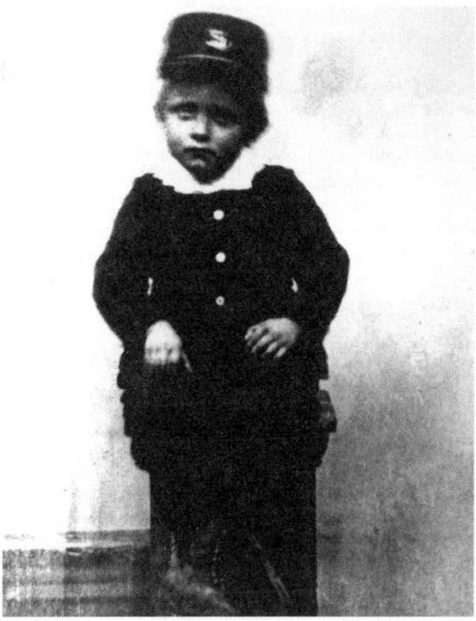

Aus seinen Gymnicher Kindertagen ist die Geschichte überliefert, wie er eines Tages mit ein paar Freunden heimlich den Kirchturm zum Glockenstuhl hochstieg. Der Pfarrrer bemerkte die ungebetenen Gäste im Glockenturm und verschloss ebenso heimlich das Türchen, um ihnen beim Herunterklettern eine Lektion zu erteilen. Doch als die Jungs die Turmtür versperrt fanden, liefen sie kurzentschlossen über den Speicher des Kirchenschiffs zum Chor, wo sich über dem Altar eine kreisrunde Öffnung befand. An den Altarsäulen ließen sie sich dann wie Feuerwehrleute auf den Altartisch herunter und gelangten unbemerkt ins Freie.

Solche Geschichten klingen überzeugender als die unvermeidlichen Heiligenlegenden von dem kleinen Engel, den eine Ordensschwester zur Strafe für zehn Minuten ins Badezimmer sperrte: Als sie die Tür wieder öffnete, fand sie das Kind angeblich bewegungslos kniend und im Gebet versunken. Und natürlich überstand das kleine Josephchen alle möglichen Unglücksfälle wie den Sturz in einen Brunnen oder den Angriff einer wildgewordenen Kuh ohne ernsthafte Blessuren.

Dass er Priester werden will, weiß Joseph Peter Kentenich jedenfalls schon als Elfjähriger; bei seiner Erstkommunion 1897 im Waisenhaus spricht er zum ersten Mal davon. Um so etwas zu wissen, muss man kein Engel sein.

Auf dem Erstkommunionfoto bemüht sich der kurzgeschorene und mit einem Sträußchen auf der Brust geschmückte Joseph stattdessen, wie ein großer Herr

auszusehen. Der Blick geht nach innen, wo er über seine Zukunft sinniert. Pfarrer Savels hat ihm von den Pallottinern erzählt, die interessieren ihn.

Eine „Bürgerinitiative“ von Missionaren

Als der römische Priester Vinzenz Pallotti, eine unbekümmerte Mischung aus Mystiker, Sozialarbeiter und Seelsorgspionier, in den dreißiger Jahren des 19. Jahrhunderts ausgerechnet in Hörweite des Vatikans die Laien für ein missionarisches Engagement zu begeistern suchte, bekam er Schwierigkeiten mit seinen Vorgesetzten: Die kirchliche Zensurbehörde, die offenbar um die Führungsrolle des Klerus fürchtete, sorgte dafür, dass

Pallottis Denkschriften und Aufrufe nur in kleinen Auflagen gedruckt und verbreitet wurden.

Ein paar Menschenalter später hatten sich – wie es bei Heiligen und Propheten häufig so geht – Kurienbeamte und Päpste Pallottis einst so verdächtige Ideen zu eigen gemacht. Während des Zweiten Vatikanischen Konzils, dessen pastorale Grundgedanken von ihm hätten stammen können, sprach ihn der gute Papst Johannes 1963 heilig. Mit seiner *Vereinigung des Katholischen Apostolates* hat Vinzenz Pallotti ein bahnbrechendes Modell moderner Seelsorgsarbeit geschaffen.

Vinzenz war ein waschechter Römer. Hier wurde er 1795 geboren, hier ließ er sich 1818 zum Priester weihen. Seine leidenschaftliche Liebe und Sorge galt von Anfang an den Elenden, an den Rand Gedrängten. Er ging in die „Slums" der Ewigen Stadt, kümmerte sich um arbeitslose junge Leute, übernahm die Leitung eines Waisenhauses. Dabei machte er immer wieder die Erfahrung, wie gleichgültig viele Christen der Not in ihrer Nachbarschaft begegneten. Vinzenz Pallotti suchte nach Wegen, der Kirche wieder etwas vom Feuer des Evangeliums zurückzubringen.

Unmittelbarer Anlass zu seiner bedeutsamen Gründung war eine verhältnismäßig kleine missionarische Aktion: Um Geld für den Druck eines Gebetbuchs in arabischer Sprache zu sammeln, schart Vinzenz eine Gruppe von Laien um sich, Männer und Frauen, und ließ sein Unternehmen von der kirchlichen Behörde genehmigen. Wichtig war die doppelte Zielsetzung: Es ging nicht nur um die Verbreitung des Glaubens unter den Nichtchristen, sondern auch um die Verlebendigung von Glaube und Liebe unter den Katholiken selbst. Missionarisches Wirken als Aktivierung der eigenen Kräfte.

Was in diesem kleinen Freundeskreis begann, drängte nach außen, führte zur Gründung der genannten Vereinigung, die 1835 vom Papst gut geheißen wurde. Zweck der Gesellschaft, so schwebte es Vinzenz vor, sollte die „unendliche Ehre Gottes“ und das „ewige Heil des Nächsten“ sein; von Anfang an also die Einheit von Gottesliebe und Weltzuwendung, die Pallottis Gemeinschaften bis heute prägt. Drei Gruppen suchte er für seine Werke zu gewinnen, aktive „Arbeiter“, engagierte Beter mehr im Verborgenen und finanzielle Förderer. Das Ziel war für alle dasselbe: missionarisches Engagement aller Christen auf breiter Front. Solidarisches Zusammenwirken von Priestern und Laien. Enge Bindung des einzelnen an Gott ohne privatistischen Rückzug auf die eigene Seele. „Menschen fangen“ wollen Pallottis Freunde wie die Apostel.

Heute wirken rund 2500 Pallottiner in ganz Europa, den USA, Kanada, Brasilien, Argentien, Ruanda, Indien, Australien. Es komme vor allem darauf an, „Zellen apostolischen Lebens und Wirkens“ zu schaffen, „die inspiratorisch in die Kirche und in die Welt hineinwirken“, stellte die XV. Generalversammlung der Gesellschaft 1983 klar. Besser hätte es Vinzenz auch nicht sagen können.

Beinahe hätte man ihn nicht zum Priester geweiht

Damals, als der kleine Joseph Kentenich zum ersten Mal von ihm hörte, war Vinzenz Pallotti noch kein Heiliger; seine Seligsprechung erfolgte erst 1950, die Heiligsprechung 1963. Und die Pallottiner hatten sich erst vor wenigen Jahren in Deutschland niederlassen können, 1892 in Limburg. Während des sogenannten *Kulturkampfs* unter Bismarck, der den von Rom „fremdgesteuerten" katholischen Organisationen und Machtzentren misstraute, waren die katholischen Orden (außer den in der Krankenpflege tätigen) aus Preußen ausgewiesen und natürlich auch keine neuen Klöster gegründet worden.

Andererseits öffnete sich mit der Großmachtpolitik von Kaiser Wilhelm I. in den Jahren darauf für pfiffige katholische Ordensleute ein Hintertürchen: Das deutsche Kaiserreich bemühte sich eifrig um Kolonien in Übersee, um mit den anderen europäischen Großmächten Schritt halten zu können. 1884 erwarb man Kamerun an der afrikanischen Westküste, und die Berliner Regierung hatte keine Einwände dagegen, dass die Pallottiner den schwarzen Reichsuntertanen nach den sonstigen Segnungen der westlichen Zivilisation auch das Christentum bringen wollten. In Ehrenbreitstein, gegenüber von Koblenz auf der anderen Seite des Rheins gelegen, durften sie ein Gynasium mit „Kleinem Seminar" errichten, um Missionare für Kamerun auszubilden.

Im September 1899 passierte hier auch der dreizehnjährige Joseph Peter Kentenich ein; im Aufnahmeformular notierte er seinen Berufswunsch: „Ich möchte gern an der Bekehrung der Heiden arbeiten." In den folgenden Jahren bekam er durchweg gute Noten. Die tadelnde Bemerkung „Der Schüler zeigte öfter ein hochmütiges und eingebildetes Wesen" findet sich nur in einem einzigen Zeugnis, was darauf hindeuten könnte, dass irgendein Klassenvorstand Probleme mit Josephs Drang nach geistiger Freiheit und Unabhängigkeit hatte.

Einen braven, aber hölzernen und nicht sehr beweglichen Mathematiklehrer brachte er jedenfalls zur Verzweiflung. Jedesmal, wenn der Mathematiker ein neues Thema erklärt hatte und ein Beispiel streng nach Lehrbuch an die Tafel gemalt hatte, streckte der Schüler Kentenich – die anderen warteten schon darauf – die Hand empor, und jedesmal stellte er voller Unschuld dieselbe Frage: „Aber kann man es nicht auch anders rechnen?" Meistens konnte man. „Ich sah wohl, dass ich den Lehrer verlegen machte", stellte Kentenich Jahrzehnte später in einem Anflug von schlechtem Gewissen fest. „Aber der Drang in mir, nach Begründungen und Alternativen zu suchen, war unwiderstehlich."

Im September 1904 wechselte Joseph, mittlerweile 18 Jahre alt, als Novize ins Mutterhaus der deutschen Pallottiner in Limburg an der Lahn. Das war damals ein beschauliches Städtchen von wenigen tausend Einwohnern. Aber das Studium war ziemlich fortschrittlich angelegt: Zur herkömmlichen Theologie und Philosophie kam eine gründliche Ausbildung in Missionswissenschaft und Sprachen, und es gab auch ein ganz neumodisches Fach mit dem Namen „Sozialwissenschaft". In Kentenichs Nachlass findet sich aus dieser Zeit eine Vorlesungsmitschrift mit soliden Informationen über Hegel, Marx, die Sozialdemokratie und „unsere eigenen Fehler", wie er schreibt, das heißt, die Versäumnisse der Kirche im Umgang mit dem sozialen Elend.

„Seine Fortschritte sind des allerhöchsten Lobes wert", stand nach den ersten zwei Semestern in Kentenichs Zeugnis. Dass er in einer öffentlichen Disputation einem Dozenten hartnäckig widersprach, steht der Wertschätzung nicht entgegen, die Lehrer und Ordensvorgesetzte seinen Talenten zollten. Ob er freilich die überaus strengen Anforderungen erfüllen würde, die in der noch nicht sehr dialogfreudigen Kirche des beginnenden 20. Jahrhunderts an Linientreue, Disziplin und Gehorsam eines Priesters gestellt wurden, schien fraglich.

Deshalb hätte man ihn beinahe nicht zur ewigen Profess – die lebenslange Bindung an die Ordensgemeinschaft – zugelassen. Schon die Erneuerung der zeitlich begrenzten Gelübde wäre nach dem zweiten Studienjahr fast an seinem schlechten Gesundheitszustand gescheitert. Als nun am 29. Juli 1909 über seine Zulassung zur ewigen Profess entschieden werden sollte, sprachen sich drei Mitglieder der Provinzleitung dagegen und nur zwei dafür aus! „Er ist auf einem gefährlichen Weg", hatte einer seiner Professoren gewarnt.

Eine Katastrophe für den 23-jährigen Novizen. Ein solches Veto bedeutete damals, dass ihn keine andere

Ordensgemeinschaft, kein „weltliches" Priesterseminar aufgenommen hätte. „Laientheologen" gab es noch nicht, und etwas anderes als Theologie hatte er nicht gelernt. Joseph Kentenich stand vor dem Nichts.

Dass er die Schreckensnachricht ziemlich ruhig und souverän aufnahm, beeindruckte den Rektor des Limburger Missionshauses, Pater Michael Kolb. Der Rektor, er hatte bei der Abstimmung mit „Ja" votiert, erreichte eine neue Beratung einen Monat später. In der Zwischenzeit bekniete er seine Mitbrüder, dem hochbegabten jungen Mann doch noch zu einer Zukunft als Ordenspriester zu verhelfen. Ergebnis der neuen Abstimmung am 24. August: Drei Voten dafür, zwei dagegen, allerdings mit der schmerzlichen Auflage, Kentenich dürfe nach Abschluss des Studiums nicht zur Promotion an eine deutsche Universität geschickt werden.

„Selbstvernichtung" als Programm und die große Krise

Was die Herren über Kentenichs Schicksal bei dieser lebenswichtigen Abstimmung nicht ahnen: Der Novize befindet sich tatsächlich auf einem „gefährlichen Weg". Er steckt in einer tiefen existenziellen Krise, die vielleicht nicht seinen Berufswunsch, seine intellektuelle und pädagogische Begabung, aber seine Menschlichkeit, seine Offenheit für andere, seine liebevolle Beziehung zu Gott bedroht. Er weiß: „Gott ist mein Ziel – er muss auch der Leitstern meines Lebens, der Mittelpunkt aller Ideale sein. Alles vergeht, nur wir bleiben, er, mein

Schöpfer, und ich, sein Geschöpf – beide bleiben in Ewigkeit: entweder miteinander vereinigt oder voneinander getrennt."

So beginnt eine „Lebensordnung", die er 1904, am Anfang seines Noviziats, für sich entworfen hat. Es geht darum, dauerhaft mit Gott auf dem Weg zu bleiben. Der zuverlässige Begleiter dabei ist Jesus Christus, der ihn einlädt – Kentenich zitiert ein Wort aus dem Evangelium –, sich selbst zu verleugnen, sein Kreuz auf sich zu nehmen und ihm nachzufolgen. Gemeint ist damit die Notwendigkeit, den eigenen falschen Wünschen und Gelüsten, der Versuchung zur Bequemlichkeit und Egomanie zu entsagen.

Das leuchtet ein. Doch der Novize macht in seinem Lebensprogramm daraus ein „Universalmittel" namens „Selbstvernichtung" und entfaltet das in exakt 103 Einzelvorsätzen. Ähnlich schlimm, was er am heiß ersehnten Tag seiner Priesterweihe zu einem Freund aus Gymnicher Kindertagen sagen wird: „Von jetzt ab vergiss mich!"

Dahinter steht die Zwangsvorstellung aller lebensfeindlichen religiösen Fundamentalisten: Man muss das eigene Ich auslöschen, um Gott zu finden. Man muss aus dem Menschen mit seinen Prägungen, Leidenschaften und Sehnsüchten einen frommen Roboter machen. Als ob er kriechende Wichte, gebrochene Persönlichkeiten nötig hätte, der kraftvolle Herr des Himmels und der Erde, der Stärke und Elan schenkt, der das Glück seiner Menschen will und sie zur Lebensfreude ermuntert!

„Ich bin gekommen, damit sie das Leben haben und es in Fülle haben", sagt Jesus.

Religiös etikettierte Erziehung zur Angst, zum schlechten Gewissen, zur Freudlosigkeit war damals freilich die Norm unter Christen. Vom Priesterseminaristen Angelo Roncalli, der später als Papst Johannes XXIII. eine gewinnende Menschlichkeit verkörperte, offen und fröhlich, sind Tagebuchaufzeichnungen erhalten, die sich ganz ähnlich wie Kentenichs Kampf gegen das eigene Ich lesen, voller Selbstvorwürfe und trauriger Grübelei, ein ausgeklügeltes Training, die Kanten und individuellen Facetten der Persönlichkeit abzuschleifen und alle möglicherweise verbotenen Lüste auszumerzen. Frauen gegenüber will er „auch die kleinste Vertraulichkeit meiden, die in irgendeiner Weise gefährlich oder verdächtig sein könnte".

Ähnlich wie Roncalli und andere Lichtgestalten seines Zeitalters schafft es Kentenich allerdings, sich aus dieser mindestens zehn Jahre dauernden Krise herauszuarbeiten und daran zu reifen. Als der Leidensdruck zu groß wird, beginnt er die bisherigen Leitlinien seiner Frömmigkeit in Frage zu stellen und an der biblischen Botschaft vom guten Gott zu überprüfen. Später wird er sich erinnern, er sei ein „geborener Skeptiker" gewesen, ganz von abstrakten Ideen besessen – und menschlich unterentwickelt, einsam, unfähig, sich mitzuteilen.

„Wir sind Hungerkünstler auf dem Gebiet der Liebe“

„Von meinem Eintritt ins Noviziat bis zu meiner Priesterweihe und noch etwas darüber hinaus“, wird er einem Briefpartner anvertrauen, „hatte ich ständig die wahnsinnigsten Kämpfe zu bestehen. Von innerem Glück und Zufriedenheit keine Spur. (...) Das waren wahnsinnige innere und äußere, will sagen geistige und dazu noch körperliche Leiden.“ Ein „Kampf auf Leben und Tod um meine geistige Existenz“ sei es gewesen, „eine Art Zwangsnot, die Leib und Seele bis ins Mark erschütterte“ und ihn zeitweise fast um den Verstand gebracht habe.

Kentenich schafft es recht gut, seine Lebenskrise zu analysieren: „Wegen der Lösung meines Geistes und meiner Seele vom Erdhaften, vom echt Menschlichen, vom Diesseitigen“, so wird er 1955 die Ursachen schildern, „wurde der ganze Mensch von einem totalen Skeptizismus, von einem überspitzten Idealismus, von einem zersetzenden Individualismus und von einem einseitigen Supranaturalismus innerlich zerquält und hin- und hergeworfen.“

Eine „mechanistische Geistigkeit“ habe er sich damals angeeignet, „die die Idee vom Leben (Idealismus), die Person vom personalen Gegenüber (Individualismus) und das Übernatürliche von der natürlichen Ordnung trennt (Supernaturalismus).“ Mechanistisches Denken: Die Wirklichkeit wird zerrissen und in künstlich von-

einander getrennte Bereiche zerstückelt, der Blick für organische Lebensprozesse geht verloren.

Schämt er sich noch nach Jahrzehnten so für seinen Irrweg, dass er ihn hinter lauter Fremdwörtern versteckt? Es handelt sich um eine spröde, kalte Religiosität ohne viel Liebe, ohne Freundschaften und menschliche Beziehungen. Um eine einseitig vernunftbetonte Glaubenshaltung, die sich auf beweisbare „Wahrheiten“ stützt, auf Sätze, nicht auf die innere Erfahrung, auf die Vertrauensbeziehung zu einem geliebten Gott. Um eine Spiritualität, die ganz im Übernatürlichen beheimatet ist, in der jenseitigen Welt, voller Misstrauen gegenüber irdischen Werten und sinnenhaften Empfindungen. Um die tiefeingewurzelte Scheu, andere an die eigene Person heranzulassen, sich zu öffnen. Menschliche Nähe als Bedrohung, nicht als Bereicherung. Kentenich im Rückblick: „Ich musste vollständig innerseelisch allein aufwachsen.“ Und: „Außergewöhnlich schroffe innere und äußere Unberührtheit.“ Zärtlichkeiten habe er sich niemals gestattet; „wollte z. B. meine alte, über achtzigjährige Großmutter mich küssen, so habe ich das schroff abgewiesen mit dem Hinweis: Ich bleibe unberührt, ich bin verschenkt.“

Einem Gesprächspartner, der ähnliche Probleme hat, wird er später gestehen: „Da war ich so stark auf Ideen und Aufgaben eingestellt, dass ich es nicht haben konnte, wenn mir jemand sein Herz schenkte, oder wenn ich merkte, dass das meinige für jemand schlagen wollte. Das sieht auf den ersten Blick wie jungfräuliche Unberührtheit aus, ist es aber beileibe nicht, im Gegenteil, das ist eine ganz unpersönliche Liebe, ist einseitiger, lebensfremder Ideenkult, ist Zeichen eines verschütteten Gemütes, ist Mangel an sprudelnder Ursprünglichkeit und Reife, ist Beweis für ein großes Stück unpersönlichen Massenmenschentums, das es nicht fertig bringt, bewusst und klar ‚ich’ zu sagen, lieber dafür das unpersönliche ‚es' gebraucht und deshalb zu Ideenzwang und Zwangsideen disponiert, wenn das Leben nicht rechtzeitig Wandel schafft."

Oder kurz und knapp ausgedrückt: „Wir sind Hungerkünstler auf dem Gebiete der Liebe, wir alle. Wir lieben Ideen, aber personale tiefe Gebundenheit, die kennen wir im allgemeinen verzweifelt wenig."

Man hat wohl noch zu wenig bedacht, wie der junge Kentenich unter seiner unehelichen Geburt – damals ein gewaltiger Makel in „gut katholischen" Kreisen und oft noch mehr unter evangelischen Pietisten – und der fehlenden Erfahrung eines Vaters gelitten hat. Ein Trauma, das seine ganze seelische Erlebniswelt beschädigen und verengen musste. Der Schönstattpater, Priestererzieher und Dogmatik-Professor Herbert King weist darauf hin, wie Kentenich einmal im Rückblick auf seinen Ordenseintritt vom „Abschied vom Mutterhause" sprach; jeder andere hätte „Elternhaus" oder „Vaterhaus" gesagt. Er hatte kein solches. Noch 1961, im amerikanischen Exil, stellte er in seiner pädagogischen Studie *What is my philosophy of education?* („Was ist meine Erziehungsphilosophie?") die kühne These auf: „Die Tragödie der Neuzeit ist im Grunde die Tragödie des Vaters." Den Menschen und der Gesellschaft fehle die Erfahrung echter Väterlichkeit.

In diesem ganzen Elend, das seinen Verstand ängstigt und sein Herz frieren macht, lässt sich der junge Kentenich die bohrende Frage nicht austreiben: „Gibt es überhaupt eine Wahrheit, und wie ist sie erkennbar?"

Es ist anfangs eine eher ideologische, keine existenzielle Frage. Ideen interessieren ihn, Theorien, Gedankengebäude. Wissen statt Erfahrung. Erleuchtung statt Wärme. Doch irgendwann einmal bricht die verschüttete Sehnsucht des Herzens mit Leidenschaft durch, und aus der philosophischen Argumentation wird eine Liebesgeschichte.

Der Glaube muss im Herzen wurzeln

Die Kehrtwende in seinem Leben verdankt er Maria, die er immer schon stürmisch geliebt hat. Die schlichte, persönliche Beziehung zur Gottesmutter habe ihm in den Jahren der qualvollen inneren Kämpfe nicht nur den Glauben erhalten, wird er in späteren Zeiten bekennen, in ihr habe er endlich die schmerzlich vermisste Balance zwischen Menschlichem und Göttlichem, zwischen Erdenwelt und Übernatur gefunden.

Denn sie, die Gottesmutter, der von Gott geheilte, ganz gemachte Mensch, sei ja „schlechthin der Schnittpunkt zwischen Diesseits und Jenseits, zwischen Natur und Übernatur". Kentenich: „Sie ist die Waage der Welt. Will heißen, sie hält durch ihr Sein und ihre Sendung die Welt im Gleichgewicht."

Nüchterner gesagt, Kentenich entdeckt, dass es auch im religiösen Bereich – und gerade hier – spontane, herzliche Liebe, Emotion und Gefühl geben darf. „Es gibt inmitten der extremen Geistigkeit seiner Ideen und auch seines Gottes", erspürt Herbert King, „etwas Menschliches, Warmes, Liebendes, das auf ihn zukommt. Maria assoziiert nicht nur Ideen und Gedanken, sondern Personhaftes." Endlich gibt es ein Ventil, das „in der Zölibatserziehung jener Jahre so verdrängte Weibliche" zu erfahren (King). Später hat Pater Kentenich oft und oft davor gewarnt, „dass die Wurzeln des Glaubens zu stark im Kopf hängen bleiben und nicht ins Herz, aber jedenfalls nicht ins unterbewusste Seelenleben hinabreichen."

Das hat Folgen, vor allem als Kentenich nach Abschluss seiner Studien als Lehrer und Erzieher zu arbeiten beginnt, mehr Kontakt zu Menschen als zu Büchern hat, seinen Geist in das Leben eintauchen lässt, wie er sagt: „Dem Psychologen dürfte es selbstverständlich erscheinen, dass meine außergewöhnlich starke transzendentale Grundeinstellung durch diese Verbindung mit dem Leben in all seinen Verzweigungen anfing, ein Gegengewicht zu finden, und dass durch die Vermählung zwischen Idee und Leben oder durch organische Denk- und Lebensweise (...) eine volle Gesundung des eigenen Seelenlebens erreicht wurde. (...) Nachdem ich während meiner Reifejahre dem metaphysischen Zug meiner Seele Spielraum ließ, entwickelte sich durch die Fühlung mit dem Leben die psychologische Einfühlungsfähigkeit und Gestaltungskraft."

Joseph Kentenich lernt mit sich selbst locker und liebevoll umzugehen; er begreift, dass seelische Zwänge nicht durch eine Art Gegen-Zwang überwunden werden können, sondern durch gelassenes Ertragen und vertrauensvolle Hingabe. In seiner originellen Sprache wird er einmal von „ganz urwüchsigem katholischem Leichtsinn“ reden, der „zurückstrahlen muss auf Leib und Seele“. Und er lernt, gelassen und tapfer zu glauben, sich in das Risiko des Glaubens hineinzustürzen, statt krampfhaft nach Gerüsten und Garantien zu suchen, nach theoretischen Absicherungen und perfekt aufgetürmten Gedankengebäuden.

Ein halbes Jahrhundert später werden visionäre Juden und Christen wie Martin Buber oder Dietrich Bonhoeffer von einem Gott reden, den man nicht besitzen und festhalten kann, dessen Liebe man sich nicht verdient, sondern geschenkt bekommt. Die Begegnung mit Gott hat für sie – wie für Jakob in der hebräischen Bibel – oft genug die Gestalt eines verzweifelten Ringkampfs, und Glaube macht nicht blind, sondern tapfer. In der „Gottesfinsternis“ der Moderne (Buber) ist das Licht nicht erloschen, nur verborgen. Man muss es akzeptieren, dass Gott nur in verhüllter Gestalt anwesend ist – dann beginnt die Finsternis zu leuchten und Gottes Schweigen wandelt sich zur Anrede.

Auch Kentenich spricht vom „Todessprung des Verstandes, des Willens und des Herzens“, vom „Hinschreiten durch einen Abgrund“, von einem durch Gott verbürgten und gehaltenen Glauben, der allenfalls die Sicherheit eines lose hängenden „Pendels“ habe: „Wir leben vielfach in Wahrheiten, die wir für so selbstverständlich halten, die aber an sich ein ganz großes Wagnis darstellen. (...) Und selbst die Dogmen sind in der Wurzel unsicher.“

Es ist ein Risiko, ein Abenteuer für das ganze Leben. Joseph Kentenich lässt sich darauf ein, denn das begreift er jeden Tag deutlicher: Seine Menschennatur vollendet sich „nicht primär durch Hingabe an eine Idee, sondern durch Hingabe an eine Person".

Am 8. Juli 1910 wird Joseph Kentenich in der Kapelle des Missionshauses Limburg zum Priester geweiht – durch den Apostolischen Vikar von Kamerun, den Pallottinerpater Heinrich Vieter, der sich gerade auf Heimaturlaub befindet. Auf sein Primizbildchen lässt er ein Gebet schreiben, das wieder den Gedanken der Balance enthält und wie eine hoffnungsvolle Antwort auf die Lebenskrise klingt: „Verleihe, o mein Gott, dass alle Geister in der Wahrheit und alle Herzen in der Liebe sich einigen."

II

DIE IDEE:

Ein „Liebesbündnis" soll die Herzen verwandeln

„Wir sind keine Nummern"

Nach Kamerun in die Mission hat er gehen wollen, der frischgebackene Priester Kentenich mit seinen hochfliegenden Plänen. In späteren Jahren wird er Gestapo-Haft und KZ überstehen und bis ins hohe Alter rund um die Welt unterwegs sein, energiegeladen und robust wie eine Eiche. Doch als Novize ist er so schwach und kränklich gewesen, dass er oft nicht einmal an Ausflügen hat teilnehmen können und sich immer wieder hinlegen musste. Sein neuralgischer Punkt ist die Lunge. Man darf vermuten, dass diese Krankheitszustände – die 1915 und 1920 mit harten Attacken wiederkehren – psychosomatisch bedingt sind und mit der seelischen Krise zu tun haben, die er nicht von einem Tag auf den andern bewältigt, sondern in jahrelangen mühsamen Prozessen.

Dass dieser zerbrechliche Intellektuelle mit seiner labilen Gesundheit unter der glutheißen Sonne Afrikas von Dorf zu Dorf wandern soll, will im Orden niemand verantworten. Also lässt man ihn weiter das milde Rheinklima im Studienheim Ehrenbreitstein inmitten von Weinbergen genießen und macht ihn zum Deutsch-

und Lateinlehrer. Kentenich überzeugt nicht nur durch fachliche Kompetenz: Die Schule wird zum Praxistest für die menschlichen Qualitäten, die er sich in seinen inneren Kämpfen erworben hat. Freundschaft statt Drill und Erziehung zur Selbständigkeit heißen seine Grundsätze. Für die damalige Zeit sind sie erstaunlich modern.

Die Kollegen sind entsetzt, als sie mitbekommen, wie er sich bei Prüfungen verhält. Er erklärt den Schülern die Aufgabenstellung – und verlässt den Raum. Aber sein verwegenes Vertrauen erzielt die beabsichtigte Wirkung. Von da an schreibt in seiner Klasse keiner mehr vom andern ab.

Lateinstunden und Zuchthausgottesdienste

In der ersten Stunde hat er sich vor seinen Schülern aufgebaut und eine Rede gehalten, etwas pathetisch, aber herzlich, wie es seine Art ist: „Wir wollen also jetzt zusammenarbeiten. Ich werde von euch viel verlangen. Ihr dürft aber auch von mir das Höchste verlangen. Und so werden wir in diesem Jahr gute Freunde werden." Dieses Ziel hat er sich auch in seinen privaten Aufzeichnungen notiert: „Als Lehrer sei deinen Schülern ein väterlicher Freund. (...) Du bist nicht nur Lehrer, sondern auch Erzieher. (...) Individuelle Behandlung (...). Sei dir stets bewusst, dass wenigstens die Hälfte der Fehler, die gemacht werden, auf dein Konto kommen."

Wer so denkt, behandelt Schüler nicht als Objekte, denen man irgendwelche Lehrsätze einpaukt. Kentenich will Eigeninitiative und Mitverantwortung wecken. Statt die Grammatikregeln auswendig lernen zu lassen, ermuntert er die Klasse, sie anhand von Beispielen selbst zu erarbeiten. Wenn ein Schüler eine Frage nicht beantworten kann, ruft er nicht etwa den Klassenprimus auf, sondern regt eine Diskussion an, in der alle gemeinsam nach der richtigen Antwort suchen. Diese Stunden seien kein Drill im gewohnten Sinn gewesen, erinnert sich ein Kentenich-Schüler, der später selbst Pallottiner wurde, sondern eine „Mobilmachung" aller geistigen Kräfte und ein „wohldisziplinierter Wettbewerb".

Nebenher widmet sich Pater Kentenich der knochenharten Seelorge in den Pfarreien der Umgebung; im Westerwald, Taunus und Hunsrück hilft er aus und in der tristen Atmosphäre der Diezer Zuchthauskirche. Eine besondere Leidenschaft entwickelt er dafür, hartgesottenen Männern die Osterbeichte abzunehmen, die mit der Kirche schon lange nichts mehr am Hut haben und sich dann doch einmal herbequemen, weil die Frau zuhause auf dem (damals noch sehr geschätzten) Osterbeichtzettel besteht. Kentenich: „Meine größte Priesterfreude war es, wenn einer daherkam, schwer bepackt mit altem, altem Gerümpel, das sich jahrelang angesammelt hatte, so dass der Beichtstuhl krachte!"

Nach einem Jahr ist es schon wieder vorbei mit Deutsch und Latein. In Vallendar-Schönstatt, vor den Toren von Koblenz, eröffnen die Pallottiner ihr neues Studienheim und provozieren mit der ziemlich strengen Hausordnung, die alles bis ins Detail regelt, einen kleinen Aufstand. „Ein Haus, in dem keine Freude herrscht, muss sofort geschlossen werden!", schreiben die nach Vallendar umgezogenen Seminaristen empört an die Wand. Die Atmosphäre im Haus ist so aufgeheizt, dass zwei Spirituale – wie man die für die geistliche Bildung und Förderung von Seminaristen zuständigen Priester nennt – schon nach wenigen Wochen das Handtuch werfen, aus gesundheitlichen Gründen, wie es offiziell heißt.

Kentenichs alter Freund Pater Kolb ist inzwischen zum Provinzoberen aufgestiegen. Er schickt den 26-jährigen Joseph Kentenich, der in Ehrenbreitstein so ein erstaunliches Vertrauensverhältnis zu seinen Schülern aufzubauen vermochte, als Spiritual nach Vallendar. Am 27. Oktober 1912 stellt er sich dort mit einer – wieder sehr gefühlvollen – Rede vor, die heute als „Vorgründungsurkunde" Schönstatts gilt: „Ich stelle mich euch hiermit vollständig zur Verfügung", verspricht er, „mit allem, was ich bin und habe: mein Wissen und Nichtwissen, mein Können und Nichtkönnen, vor allem aber mein Herz."

„Wir müssen freie Charaktere sein!"

Schon in dieser ersten geistlichen *instructio* für die Schüler der beiden Oberklassen entwirft Kentenich in ebenso schlichten wie deutlichen Worten den „neuen Menschen in einer neuen Gemeinschaft", wie er ihn sich wünscht. Dieser Mensch soll nicht von tyrannischen

Aufpassern nach einem papierenen Programm fabriziert werden, sondern sich im gemeinsamen Lernen und im verantwortungsvollen Miteinander formen. „Wir wollen lernen", erläutert Kentenich, „uns unter dem Schutze Mariens selbst zu erziehen zu festen, freien, priesterlichen Charakteren."

Das hämmert er seinen staunenden Zuhörern noch mehrmals ein: „Wir müssen freie Charaktere sein. Gott will keine Galeerensklaven, er will freie Ruderer haben. Mögen andere vor ihren Vorgesetzten kriechen, ihre Füße belecken und dankbar sein, wenn sie getreten werden. Wir sind uns unserer Würde und unserer Rechte wohl bewusst. Nicht aus Furcht oder Zwang beugen wir uns vor dem Willen unserer Oberen, sondern weil wir es so frei wollen, weil jeder Akt der vernünftigen Unterwerfung uns innerlich frei und selbständig macht."

Augenauswischerei? Forsche Worte, hinter denen sich die alte Unterdrückungspädagogik verbirgt? Kentenich meint es durchaus ernst mit der Freiheit: Die künftigen Priester sollen ihre eigene Entscheidung treffen, unabhängig von modischen Trends und dem Zwang des Zeitgeistes; nichts hat er so gehasst wie den entpersönlichenden „Kollektivismus". Aber Freiheit bedeutet für ihn nicht, nach Lust und Laune leben zu können, sondern sich bewusst und unabhängig für eine sinnvolle Bindung entscheiden zu können. Disziplin und Gehorsam um der Sache willen, nicht aus Angst vor Strafe oder vor dem Druck der Mehrheit.

Ein halbes Jahrhundert später, in einem Exerzitienkurs für Priester in der Schweiz, wird er noch einmal bekräftigen, dass er sich keine unausgereiften Jasager wünscht, sondern starke Persönlichkeiten, die wissen, was sie wollen: „Die heutige Erziehung ist im allgemeinen Originalen sehr abhold", klagt er 1937, als in seiner deutschen Heimat die Nazis den gleichgeschalteten Massenmenschen propagieren. „Armselig" nennt er Leute, die „bloß ein Schrittchen" machen, „dann müssen sie wieder gestoßen werden. Da braucht jeder ein Kindermädchen." Eine Gemeinschaft bewusster, aktiver Christen habe ganz im Gegenteil „urwüchsige Naturen" nötig, „originelle Naturen"!

1912 hat er den Seminaristen ebenfalls schon erläutert, warum Selbsterziehung so wichtig ist: All die technischen Errungenschaften und wissenschaftlichen Entdeckungen hätten den Menschen ihre „innere Leere" nicht nehmen können. „Unsere Herrschaft über die Gaben und Kräfte der äußeren Natur ist nicht Hand in Hand gegangen mit der Unterwerfung des Elementaren und Tierischen in unserer menschlichen Brust." Deshalb müsse dem wissenschaftlichen Fortschritt ein seelisches Wachstum, eine innere Vertiefung entsprechen, wenn der Mensch glücklich werden wolle.

Das ist die Zielvorstellung. Aber das innere Wachstum muss organisiert werden. Deshalb kündigt Kentenich bereits in diesem programmatischen ersten Vortrag an, eine *Marianische Kongregation* gründen zu wollen – pardon, einen *Missionsverein.* Eine Marianische Kongregation werde man nicht genehmigen, haben die Ordensoberen signalisiert. Sie befürchten, damit könnte sich eine eigenständige Organisation parallel zu den Strukturen des Studienhauses herausbilden und zu einer unguten Konkurrenz führen.

Und er, Kentenich, will eigentlich auch gar nichts gründen, er will anregen, ermuntern, herausfordern: „*Wir* wollen diese Organisation schaffen", betont er in seinem Vortrag. „Wir – nicht ich! Denn ich werde in dieser Beziehung nichts, rein gar nichts tun ohne eure volle Zustimmung (...). Ich bin überzeugt, dass wir etwas Brauchbares zustande bringen, wenn alle mitmachen."

Zwei Jahre später stimmt die Ordensleitung angesichts der guten Erfahrungen mit dem Missionsverein dann doch der Errichtung einer *Marianischen Kongregation* zu. Ein solcher Zusammenschluss, gehalten von den drei Pfeilern Marienliebe, Selbstheiligung und apostolisches Engagement, erscheint Pater Kentenich als bestes Mittel, „um unsere jugendlichen Ideale zu verwirklichen". Warum? Weil Maria „alles, was Ritterlichkeit und Männlichkeit in uns heißt, auf den Plan ruft". Kentenich: „Wir fanden und finden in der Kongregation Jesus und Maria." – „Wie Maria den Heiland zu uns gebracht, so bringt sie auch uns zum Heiland. (...)"

Das Vorhaben passt exakt zur historischen Tradition der Landschaft, in der das neue Studienheim steht: Schönstatt ist ein Stadtteil von Vallendar, das im 11. Jahrhundert eine königliche Residenz beherbergte, aber viel älter sein dürfte. Ein Jahrhundert später, 1143, hat man hier ein Augustinerinnenkloster gegründet, an einem Platz, den der Erzbischof Albero von Trier ganz begeistert „eyne schoene stat“ nannte. Patronin des Klosters und der romanischen Klosterkirche war die Gottesmutter, „Sancta Maria in Vallindere“.

Kentenich träumt davon, an diese leuchtende Vergangenheit anzuknüpfen – mit einem weithin ausstrahlenden spirituellen Zentrum oder einer Wallfahrt. Es muss ja nicht immer eine wundersame Marienerscheinung sein; neuerdings sind es häufig wache Christen, die aktiv werden und ein Pilgerziel begründen, weil sie sich bewusst machen, dass Gott in ihrem Leben am Werk ist. In einer Wochenzeitung hat er von so einem modernen Wallfahrtsort nahe Neapel gelesen, Valle di Pompei. Ein Rechtsanwalt namens Bartolo Longo, ein ehemaliger Freimaurer, gründete dort auf den Trümmern des vom Vesuv verschütteten antiken Pompei zwei große Häuser für Waisenmädchen und Sträflingskinder und eine Marienkirche.

Während in Europa die Lichter ausgehen und kriegslüsterne Herrscherhäuser und Heereskommandos nur auf den Anlass warten, endlich loszuschlagen und ihre Völker in das große Morden zu schicken, bereitet sich Joseph Kentenich auf einen Feldzug eigener Art vor. Die Herzen will er erobern – und die Welt nicht minder nachhaltig verwandeln als die politischen Strategen und Generäle.

Im April 1914 kann er endlich seine *Marianische Kongregation* im Studienheim Schönstatt-Vallendar gründen – nach einer weiteren Verzögerung: Im Krankenhaus hat er eine gefährliche Lungenentzündung auskuriert. Solche körperlichen Zusammenbrüche wird er an entscheidenden Wendepunkten seines Lebens noch öfter erleiden, und das ist gar nicht so ungewöhnlich. Von einer anderen großen Rheinländerin, Hildegard von Bingen, sind ähnliche Phänomene überliefert: Widerstand gegen ihre Pläne und eigene Entschlusslosigkeit machten sie buchstäblich krank, und sie verlor ihre Lähmungserscheinungen erst dann schlagartig, wenn die Umwelt klein beigab oder sie selbst sich zu neuem Mut aufraffte.

Jetzt gibt es also die marianische Vereinigung in Schönstatt, aber die Seminaristen haben noch keinen Versammlungsraum, wo sie sich regelmäßig treffen können und der ihnen – anders als die Hauskapelle – sozusagen allein gehört. Da fällt ihnen die einstige Friedhofskapelle des Augustinerinnenklosters ein, die etwas abgeschieden im Tal liegt. Dieses „Michaelskapellchen“ (der Erzengel Michael galt früheren Generationen als machtvoller Beschützer, der die verstorbenen Gerechten sicher in die jenseitige Welt geleitet) hat ein trauriges Schicksal: statt zur Messe dient es jetzt als Abstellkammer für Gartengeräte.

Eine Schülergruppe und eine langweilige Predigt

Der Ort, der Anlass, die Worte könnten nicht schlichter sein: ein ehemaliges Friedhofskapellchen, das zum Lagerraum für Schubkarren und Gartenharken heruntergekommen ist. Ein Vortrag für ein paar junge Leute, die sich Maria als Schutzpatronin ausgesucht haben. Ein ebenso pathetisch wie langweilig klingendes Vortragsthema, formuliert im Stil der Zeit: „Beschleunigung der Entwicklung unserer Selbstheiligung".

Im Kalender steht der 18. Oktober 1914, und der Vortragende benutzt den eben ausgebrochenen Ersten Weltkrieg auf eine heute befremdlich anmutende Weise zur Gewissenserforschung: Wie das Völkerringen „mit Riesenschritten" die Weltgeschichte vorantreibe, so entschlossen und zügig müsse auch der einzelne an seiner Persönlichkeit und an der Höherentwicklung der Gesellschaft arbeiten: „Wir sind keine überflüssigen Nummern, zu träger Untätigkeit verurteilt, sondern wesentliche Faktoren, auf die vieles ankommt. Die Waffe, das Schwert, womit wir dem Vaterlande zum Siege verhelfen, das ist ernste, strenge Buße, Selbstzucht, Selbstüberwindung, Selbstheiligung."

Kentenich spricht seine feste Überzeugung aus, „dass jeder von uns mitkämpfen und mitsiegen und mitraten kann im obersten Kriegsrat und mitbauen an der Weltgeschichte". Was heute eigenartig klingt, gehörte damals – wenige Wochen nach Kriegsausbruch – zur ganz normalen Gedankenwelt auch bei denen, die dem gegenseitigen Abschlachten wenig abgewinnen konnten: Der große Krieg würde das müde gewordene Europa auf jeden Fall tüchtig durcheinanderwirbeln und einen geistigen Neuaufbruch hervorbringen. „Wie hätte der Künstler nicht Gott loben sollen", schrieb Thomas Mann im September 1914, „für den Zusammenbruch einer Friedenswelt, die er so satt, so überaus satt hatte! – Krieg! Es war Reinigung, Befreiung, was wir empfanden, und eine ungeheure Hoffnung (...).“

Wer will es dem jungen, von Idealen und Visionen sprühenden Priester Kentenich verdenken, dass er an diese stürmische Begeisterung anknüpfte? „Wir sind Kriegskinder“, pflegte er zu sagen, und er suchte die frei werdenden Sehnsüchte und geistigen Umwälzungen in seinem Sinn zu nutzen.

Selbstzucht, Selbstheiligung. Mitverantwortung für die Gesellschaft. Mitbauen an einer neuen Welt. Und dann eine Idee, beiläufig ausgesprochen, wie sich so ein schöner Vorsatz nachhaltig verwirklichen ließe: Könnte das unscheinbare Kapellchen nicht zum Wallfahrtsort werden? Sollte man die Gottesmutter, „Herrin und Gebieterin“ der zur Marianischen Kongregation zusammengeschlossenen Seminaristen, nicht bewegen können, „hier in besonderer Weise ihren Thron aufzuschlagen, ihre Schätze auszuteilen und Wunder der Gnade zu wirken“?

Das war alles. Ein Friedhofskirchlein, in dem vor kurzem noch Gartenutensilien untergebracht waren, eine Schülergruppe mit ihrer kurzlebigen Begeisterung, ein Prediger, der überhaupt nichts Originelles sagte. Aber ein halbes Jahrhundert später schrieb einer seiner Biographen, dieser 18. Oktober sei in die Geschichte eingegangen: „Der Himmel hatte wiederum die Erde berührt.“

Die Schönstätter nennen Kentenichs schlichte Ansprache von 1914 etwas geschraubt die „Erste Gründungsurkunde“ ihrer weltumspannenden Gemeinschaft. Recht haben sie trotzdem. Steckt in einer einfachen Liebeserklärung zwischen zwei Menschen nicht manchmal mehr Kraft als in einem ausgefeilten Vereins- oder Parteiprogramm?

Um ein Bündnis zwischen Himmel und Erde geht es hier – um nicht mehr und nicht weniger. Pater Kentenich spielt in aller Kühnheit den Vermittler zwischen der Gottesmutter und ihren Schönstätter Sodalen („Brüder“, so heißen die Mitglieder der Marianischen Kongregationen): Er bittet sie, sich hier niederzulassen, er bietet ihr die Liebe und Treue der Kongregation an – und gleichzeitig richtet er den Seminaristen die Bedingungen und Wünsche ihrer Schutzpatronin aus. Kentenich: „Es ist mir, als ob Unsere Liebe Frau in diesem Augenblicke hier im alten Michaelskapellchen durch den Mund des heiligen Erzengels zu uns spräche: Macht euch keine Sorge um die Erfüllung eures Wunsches. *Ego diligentes me diligo.* Ich liebe die, die mich lieben. Beweist mir erst, dass ihr mich wirklich liebt, dass es euch ernst ist mit eurem Vorsatze. (...) Diese Heiligung verlange ich von euch. (...)“

Eine solche Weihe an Maria gehe unmittelbar von Herz zu Herz, im freien Strom der Liebe von Person zu Person - so hat der große Theologe Karl Rahner vier Jahrzehnte später einen derartigen Akt beurteilt. Letztlich sei es ein an Gott selbst gerichteter Akt des Glaubens, der Hoffnung und der Liebe. Rahner: „Wir blicken auf dieses Herz, weil man jeder Mutter ins Herz blicken muss, um sie zu verstehen und zu wissen, wem man sich in Liebe anvertraut. Wer auf einen Grundstein baut, den Gott gelegt hat, der baut auf Gott selbst. Wer sich einem heiligen Menschen – und so vor allem auch der seligsten Jungfrau – weiht, der tut es, weil er so letztlich Gott sucht. Er möchte sich mitnehmen lassen von der reinen Bewegung dieses heiligen Herzens zu Gott."

Nein, so eine Weihe sei keineswegs bloß eine hübsche, aber unverbindliche und fruchtlose Geste, hält Rahner fest. Wer sich so mit der Gottesmutter verbinde, der nehme in freier Entscheidung und gläubiger Liebe in sein Herz auf, „was wahr ist und ewig gilt: in unser Dasein ist das Erbarmen Gottes, Seine letzte Wahrheit und Seine unbedingte Liebe eingebrochen. (...) Wir sagen in glaubender Liebe: Du, heilige Jungfrau, und wir gehören zusammen, weil Gottes Erbarmen es so wollte – weil Er jeden für den anderen verantwortlich macht – weil keiner für sich allein lebt."

„Ich möchte diesen Ort gerne zu einem Wallfahrts-, zu einem Gnadenort machen", erklärt Kentenich in seiner legendären Ansprache ganz unumwunden. „Alle, die hierher kommen, um zu beten, sollen die Herrlichkeit Mariens erfahren und bekennen: Hier ist wohl sein. Hier wollen wir Hütten bauen, hier unser Lieblingsplätzchen (...)." Für biblisch Versierte eine liebenswürdige Anspielung auf die Verklärungsgeschichte in den Evangelien: Als die Apostel Jesus auf dem Tabor im Glanz des Himmels und im Gespräch mit Elija und Mose gesehen haben, sagt Petrus hingerissen: „Rabbi, es ist gut, dass wir hier sind. Wir wollen drei Hütten bauen, eine für dich, eine für Mose und eine für Elija."

Große Pläne, ebenso vage wie verwegen. Kein Mensch hätte damals geglaubt, dass aus diesem Häuflein Gymnasiasten einmal ein in allen Erdteilen operierendes Netzwerk mit 100 000 Mitgliedern und 120 Zentren würde. Heute gilt der 18. Oktober 1914 als Geburtsstunde der Schönstatt-Bewegung. Joseph Kentenich hatte mit seiner Schülergruppe bewusst eine globale Revolution auslösen wollen – und große Angst gehabt, die eigenen Fähigkeiten und das Durchhaltevermögen seiner Leute zu überschätzen: Es sei der schwerste Schritt seines Lebens gewesen, gestand er später, denn sein Glaube habe nur „einen feinen Lichtstrahl in der Dämmerung" wahrnehmen können.

Unerschütterlich an diesen kleinen Lichtschimmer zu glauben und Gott zuzutrauen, dass er daraus eine strahlende neue Sonne für die ganze Erde erschaffen könne – das war wohl das Geheimnis des Paters Kentenich und der jungen Schönstatt-Bewegung. Sie glaubten an die elementare, Menschen verwandelnde Kraft eines „Liebesbündnisses" mit der Mutter Christi, in der sie Gottes menschliches Antlitz erblickten. Sie warfen sich einem leidenschaftlich liebenden Gott in die Arme. Und sie wussten sich gerufen, die Hand nach den Sternen auszustrecken und die scheinbar verlorene, von Egoismus und Gewalt vergiftete, an Zukunftsangst und Resignation leidende Erde „in ein Stück Paradies zu verwandeln" (Kentenich): an vielen Orten, jeden Tag ein wenig mehr.

III
DAS WERK:

In „kleinster Kleinarbeit" den neuen Menschen formen

„Wir haben eine Sendung erhalten"

Noch war es freilich nicht so weit. Die hoffnungsvollen Anfänge schienen im Kriegsgetümmel unterzugehen. Die älteren Jahrgänge der Seminaristen wurden in die Kasernen geholt und an die Front geschickt, das Studienheim musste schließen und diente als Lazarett. Jetzt bewies Pater Kentenich zum ersten Mal sein Organisationstalent: Er schrieb Stöße von Briefen an die Sodalen draußen, ermuntert sie, sich in den Kasernen zu Gruppen zusammenzuschließen und unter den Kameraden Gleichgesinnte zu werben.

Um den Austausch von Informationen und das Gespräch über die schrecklichen Erfahrungen an der Front zu intensivieren, gründete er im März 1916 eine Zeitschrift *Mater ter admirabilis* (Dreimal wunderbare Mutter), die vor allem zahlreiche Briefe von Sodalen enthielt. *Gegenseitige Anregungen im Kampfe für unsere bedrohten Ideale in schwerer Zeit* lautete der Untertitel, und die Zahl der Abonnenten verzehnfachte sich bis zum Dezember 1917 von 200 auf 2000. Ein Bonner Theologieprofessor analysierte den ersten Jahrgang der Zeitschrift für eine Konferenz von Jugendseelsorgern und staunte über den „Höhenflug der Gedanken“ und die „Kraft des Willens, welche die Liebe zu Maria in jugendlichen Herzen erwecken konnte“.

Eine blutjunge „wunderbare Mutter“

Der merkwürdige Zeitschriftentitel geht auf einen Zufallsfund zurück, den ein Schönstätter Kollege von Pater Kentenich namens Huggle in einem Freiburger Antiquariat gemacht hatte: Im April 1915 stieß er dort auf einen nicht sehr wertvollen, aber hübsch anzusehenden Druck eines Marienbildes, das von dem im selben Jahr gestorbenen Tessiner Maler Luigi Crosio stammte. Eine blutjunge Madonna mit unschuldigen Augen und Schmollmund, die wie die große Schwester ihres braungelockten Jesuskindes aussieht und sich malerisch in einen giftgrünen Überwurf hüllt.

Professor Huggle schenkte das Bild seinen Schönstätter Schülern, die es nicht gerade überwältigend fanden, ihren Lehrer aber nicht kränken wollten. Auf Vorschlag von Pater Kentenich nannten sie die Dame im giftgrünen Mantel *Mater ter admirabilis;* denn so hieß das Gnadenbild, über das Kentenich gerade ein faszinierendes Buch las. Die „dreimal wunderbare Mutter“ war die Schutzpatronin der ersten Marianischen Kongregation auf deutschem Boden, die der aus Bregenz stammende Jesuitenpater Jacob Rem 1594 im bayerischen Ingolstadt gegründet hatte.

Das im Geist der Gegenreformation geführte dortige Jesuitenkolleg beherbergte viele adelige Schüler. Rems *Colloquium Marianum* sollte so etwas wie die spirituelle Elite dieser Gemeinschaft sein. Während der jeden Samstagabend gesungenen *Lauretanischen Litanei* mit den vielen poetischen Anrufungen der Gottesmutter hatte Pater Rem eine wunderbare Erleuchtung: Er meinte plötzlich zu wissen, Maria würde sich über einen Ehrentitel aus dieser Litanei ganz besonders freuen, nämlich über die Anrede *Mater admirabilis.* Sogleich gab er der Schola Anweisung, die Zeile dreimal, *ter,* zu singen, was man später vereinfachte: Die Anrufung wurde nur noch einmal gesungen, aber verändert in *Mater ter admirabilis,* dreimal wunderbare Mutter. Es ist die Sprache überschwänglicher Liebe und gar nicht so verschieden von der Begeisterung eines jungen Mannes von heute, der sein *Supergirl* anhimmelt.

Den Ehrentitel übertrugen die Ingolstädter Studenten auf die hier verehrte Kopie des berühmten Marienbildes *Salus Populi Romani,* Heil des römischen Volkes, aus der Basilika Santa Maria Maggiore in der Ewigen Stadt, angeblich vom Evangelisten Lukas höchstpersönlich gemalt – und die Schönstätter Sodalen nannten ihre Madonna bald genauso. Typisch für Kentenich, dass er die Namensgebung sogleich mit einer großartigen Vision verband: „Wie wäre es, wenn das Ingolstadt des Mittelalters zu einem Vallendar der Neuzeit würde?“, fragte er in Anspielung auf die gewaltige Ausstrahlung jesuitischer Seelsorge und Frömmigkeit, die im beginnenden 17. Jahrhundert zu einem religiösen Neuaufbruch im süddeutschen Raum führte. Kentenich verwegen: „Von unserem Kongregationskapellchen muss eine sittlich-religiöse Erneuerung Deutschlands ausgehen nach dem Vorbilde Ingolstadts."

Es ist freilich eine Umkehr der Herzen, auf die Kentenich und seine Mitstreiter setzen, keine Umwälzung der gesellschaftlichen Strukturen und keine Bekehrung der politischen und militärischen Kräfte, die nicht daran denken, das Blutbad auf den Schlachtfeldern Europas zu beenden. Kritik am Krieg sucht man in der Kongregationszeitschrift vergeblich. Im Mai 1918 – die deutsche Armee hat gerade bei einer überraschenden Offensive in Frankreich 90 000 Gefangene gemacht, zählt freilich binnen zwei Wochen 230 000 Tote in den eigenen Reihen – schreibt Kentenichs Lieblingsschüler Josef Engling von der Front nach Schönstatt: „Vor einigen Tagen, als die Granaten rechts und links von mir einschlugen, betete ich wie gewöhnlich zum Mütterchen *[zur Mater ter admirabilis]* und versetzte mich in unsere Kapelle. Da fühlte ich mich meinem lieben Mütterchen so nahe wie noch nie in meinem Leben. Ihre Nähe kam mir so süß und lieblich vor; ich fühlte nicht mehr die geringste Angst vor den Granaten."

Joseph Kentenich freut sich. Er lobt Engling dafür, „dass Du Dein altes Ziel, ein Heiliger zu werden, mit der alten Frische und Lebhaftigkeit anstrebst, trotz der großen Schwierigkeiten, in die Dich das Militärleben versetzt hat." Fünf Monate später ist der junge Mann tot. Bei Cambrai in Nordfrankreich ist er 20-jährig gefallen, kurz vor Kriegsende. „Jetzt hat die Kongregation ihren ersten Heiligen", sagt Kentenich leise. Denn Engling hatte der Gottesmutter sein Leben für das Wachstum der jungen Schönstätter Gemeinschaft angeboten. Er ist als Kanonenfutter gestorben – und hat doch versucht, seinem kurzen Leben einen leuchtenden Sinn zu geben, getreu Kentenichs Appell, nicht nur Großes anzustreben, sondern das Größte: „Heiligkeit". Gott habe uns Menschen zwar ohne uns erschaffen, aber er wolle uns nicht ohne uns erlösen, hämmert Pater Kentenich den Sodalen mit einem Augustinus-Wort in Briefen und Zeitschriftenartikeln immer wieder ein. Es ist ein überaus schlichtes Programm, das auf die Bewältigung alltäglicher Herausforderungen abzielt, und zugleich eine weltverwandelnde Vision: Ziel der „energisch betriebenen Selbstheiligung" im ganz normalen Alltagsleben sei es nämlich, möglichst viele Menschen „innerlich umzugestalten" und zu „mündigen, tatkräftigen Aposteln" zu machen.

Und zwar nicht durch die werbende Kraft des guten Beispiels, wie man meinen möchte, sondern durch das Ineinander menschlicher Anstrengung und übernatürlicher Hilfe, von gutem Willen und Gnade, wie es sich nur ein gläubiger Mensch vorstellen kann: Die jungen Leute sollen der Gottesmutter alle ihre Mühen und Leistungen zur Verfügung stellen, damit sie aus diesem „Gnadenkapital", so Kentenichs originelle Formulierung, schöpfen und es für viele, viele Menschen fruchtbar machen könne.

Eigenwillige Wortkreationen wie die vom „Gnadenkapital" sollten Kentenich bald in Konflikt mit den nüchternen Hütern der Glaubenstradition bringen – obwohl dahinter der bewährte Gedanke der „Stellvertretung" steckt: uralte biblische Überlieferung und ein wichtiges Element etwa in der Spiritualität des Karmel. Im liebevollen Denken aneinander und im Gebet wechselseitige Verantwortung zu übernehmen, gehörte immer schon zur gemeinschaftsbildenden Kraft der Religion. Uralte jüdisch-christliche Tradition ist aber nicht nur das solidarische Gebet füreinander, sondern auch das stellvertretende, erlösende Leiden.

„Wir brauchen neue Heilige!"

Als der Krieg zu Ende war und die überlebenden Sodalen nach Schönstatt zurückkehrten, um hier endlich ihr Abitur zu machen, stellte sich die Frage nach der Zukunft der weit zersplitterten Organisation. Was sollte aus den Studenten und Gymnasiasten, Lehrern und Priestern werden, die sich in den Schützengräben Frankreichs und in irgendeinem russischen Feldlazarett der Schönstätter Kongregation angeschlossen hatten und jetzt wieder nach Hause kamen, nach Köln, Stuttgart oder München?

Ausgerechnet zu diesem Zeitpunkt begegnete Kentenich mit seinen Plänen und Ideen zum ersten Mal massiver Kritik im Orden: Bedächtige Mitbrüder fürchteten, der so schnell weit über Schönstatt hinaus verbreitete Bund des umtriebigen Pater Joseph werde ein unkontrollierbares Eigenleben entfalten. Die emotional aufgeladene Marienfrömmigkeit der jungen Gemeinschaft schien gefährlich; schon öfters waren solche Gründungen zu wunderlichen Sekten entartet. Als der Generalobere der Pallottiner, Karl Gissler, 1915 die deutschen Ordenshäuser visitierte, sparte er nicht mit Kritik an Schönstatt und warnte seinen Mitbruder Kentenich ausdrücklich, wenn er sich noch weiter vom Geist des Stifters Vinzenz Pallotti entferne, müsse die Ordensleitung zu Gegenmaßnahmen greifen.

Diesen Vorwurf wollte Kentenich nicht auf sich sitzen lassen. Er verschlang noch einmal alles, was Pallotti an Gedanken und Visionen hinterlassen hatte, verglich es mit den eigenen Absichten, und am Ende hatte der General, der den Übereifer der Schönstätter hatte dämpfen wollen, das Gegenteil erreicht: Mehr denn je sah Kentenich im kleinen Schönstatt das von Gott auserkorene Werkzeug, Pallottis „Mammut-Idee“ eines weltverändernden „Katholischen Apostolats“ in die Tat umzusetzen.

Schon damals träumte er offenbar von einer Gemeinschaft, welche die Aktivitäten und geistlichen Energien sämtlicher – bisher oft rivalisierender – Orden, Missionsgesellschaften und Verbände zusammenführen und zu einer weltumspannenden Initiative von geballter Wucht bündeln sollte. Das erscheine zunächst einmal als Phantasterei, räumte er selbst ein; seit Jahrhunderten seien die kirchlichen Institute von Egoismen, Eifersüchteleien und Interessengegensätzen geprägt. „Aus uns selbst haben wir auch nicht den Mut dazu“, gestand Kentenich weiter. „Wir wagen es nur dann und so weit, als wir glauben und hoffen, von der lieben Gottesmutter eine Sendung nach der Richtung erhalten zu haben.“

Und genauso handelte er nun auch. Statt kürzer zu treten, überrumpelte er die Ordensführung mit einer minutiös ausgearbeiteten Denkschrift, in der er einen überregional arbeitenden „apostolischen Studenten- und Lehrerbund" skizzierte, organisatorisch an das „Mitarbeiter-Institut" der Pallottiner, geistig aber eng an Schönstatt gebunden. Die Ordensleitung und der zuständige Bischof akzeptierten seufzend: Dieser Kentenich war augenscheinlich nicht zu bremsen. Im Juli 1919 entband ihn sein Provinzial vom Posten des Spirituals im Schönstätter Studienheim und stellte ihn für den Aufbau der neuen Organisation frei.

In Dortmund-Hörde sollte der *Apostolische Bund* gegründet werden, als Fortführung der in den Kasernen und Frontverbänden aktiv gewesenen Ableger der Schönstätter Kongregation. Kentenich, der gewiefte Pädagoge, sagte seine Teilnahme an der Zusammenkunft in letzter Minute ab, um die freie Aussprache in Dortmund nicht einzuengen und die Eigenverantwortung seiner Leute zu fördern. „Wir sehen es heute als richtig an, dass er nicht kam", sagte ein Teilnehmer später. „Wir sollten zeigen, was unser Anliegen wert war!"

Der *Apostolische Bund,* der Kentenichs Ideen zum ersten Mal über Schönstatt und den Pallottinerorden hinaus trug, verstand sich nach den Worten seines Biographen Esteban Uriburu als „Elitegemeinschaft" mit dem Ziel, in katholischen Massenorganisationen als Sauerteig zu wirken. Die Anforderungen an das einzelne Mitglied waren gewaltig: regelmäßige schriftliche Gewissenserforschung, „geistliche Tagesordnung" mit ständiger schriftlicher Kontrolle, monatliche Aussprache mit einem Seelenführer. Deshalb kam ein Jahr später die *Apostolische Liga* dazu, die einen eher losen Anschluss an das Schönstätter Werk erlaubte, ohne die Zugehörigkeit zu einer Gruppe und die regelmäßige Teilnahme an ihren Treffen zur Pflicht zu machen. Ansonsten war die Zielsetzung für beide Organisationen dieselbe: „die Erziehung gebildeter Laienapostel im Geiste der Kirche." (Kentenich)

Eine kleine Schar sollte es sein, keine Massenbewegung. Bei der Dortmunder Gründungsversammlung kamen auch jene Fraktionen nicht zum Zuge, die den Bund zu direkten politischen Aktivitäten oder zum konkreten sozialen Engagement verpflichten wollten. Damit werde nur an der Oberfläche der Probleme herumkuriert, meinte Kentenich ein paar Monate danach in einem Brief an seine Gruppenführer; „alles soll gebessert werden mit rein äußerlichen Mitteln, mit Politisieren, Diplomatisieren, Deklamieren, Balsamieren." Damit bekomme man das allgegenwärtige „Chaos" aber nicht in den Griff.

Kentenich: „Das innere Leben ist am Absterben!" Und dieses innere Leben müsse zu neuer Glut entfacht werden. Denn „was unserer Zeit vor allem, um nicht zu sagen: allein not tut, das sind neue Heilige, große, überzeugende, hinreißende Heilige, und wenn nicht Heilige, so doch neue Menschen, ganze Menschen, neue Christen, wahre, innerliche, vollkommene Christen."

Begeisterte Arbeit als Medizin

Wie häufig an wichtigen Wegmarken seines Lebens wurde Pater Kentenich auch jetzt wieder todkrank. Schon 1914, nach seiner bedrohlichen Lungenentzündung, hatte ihm der Arzt prophezeit, er habe nur noch wenige Jahre zu leben. In kurzer Zeit magerte er um 25 Pfund ab (was den Vorteil hatte, dass er während des Krieges lediglich eine Woche Militärdienst zu leisten hatte, als Krankenwärter in einem Trierer Reservelazarett, und dann als „dienstunbrauchbar" entlassen wurde). 1916 stellte man eine nicht ganz ausgeheilte „Lungenspitzentuberkulose" fest. 1918 kamen Herzprobleme hinzu.

Zwei Jahre danach verordneten ihm die Ordensoberen eine Zwangspause; als geistlicher Betreuer der Franziskanerinnen in Engers bei Neuwied sollte er sich erholen und die Aufbauprobleme seines Werkes erst einmal vergessen. Die Schwestern kümmerten sich rührend um den vermeintlichen Todeskandidaten und versuchten alle Aufregungen von ihm fernzuhalten. „Das alles hat mich nicht im geringsten gestört", notierte ihr dynamischer Hausgeistlicher trocken. „Der Körper existierte praktisch nicht für mich. Tag und Nacht arbeitete ich und lebte in großen und weltweiten Konzeptionen. (...) Weil alles so waghalsig und weltfremd schien, was mir als Ideal vorschwebte, war ich gezwungen, es als Geheimnis still im Herzen zu tragen. Nur da und dort eröffnete ich bei Gelegenheit, was ich in mir trug, und zog den Schleier ein wenig von meiner Welt hinweg."

In Engers hob er eine neue Zeitschrift für die *Apostolische Liga* aus der Taufe, die er *Königin der Apostel* nannte, sowie ein zweites Blatt *Sal terrae* (Salz der Erde) für Priester. Und natürlich gründete er umgehend eine Gruppe der Schönstattjugend. Obwohl er jetzt doppelt arbeitete, den freundlichen Schwestern Vorträge und Exerzitien hielt und das nur wenige Kilometer entfernte Schönstatt per Post und Telefon leitete, stabilisierte sich sein Gesundheitszustand wieder. Sein sensibler Biograph Uriburu führt das auf die Freude und Begeisterung zurück, mit der er seine Aufgaben erledigte.

Vielleicht waren es auch sein sehr persönlicher Führungsstil und die vielen unmittelbaren Kontakte von Mensch zu Mensch, die ihn jung hielten. Kentenich beschränkte sich nie darauf, Schulungsmaterialien zu entwerfen und mit seinen engen Mitarbeitern zu konferieren. Er wollte mit den jungen Menschen draußen sprechen und jeden Priesterseminaristen aus den Schönstattgruppen bis zur Weihe begleiten. Kaum ging es ihm besser, verließ er Engers wieder und begab sich auf ausgedehnte Reisen quer durch Deutschland. Im April 1923 besuchte er anlässlich einer Tagung in Tauberbischofsheim sämtliche dem Schönstattwerk angehörenden Priester in Baden. Bei einer anderen Gelegenheit wanderte er stundenlang durch die Schwäbische Alb, um einen Neupriester zu treffen.

„Es war ein langer, dornenreicher und durch kleinste Kleinarbeit gekennzeichneter Weg“, erinnerte er sich nach Jahrzehnten. Ohne die persönliche Fühlung mit den einzelnen „Schönstättern“ hätten die Gruppen und Kurse wenig bedeutet. Die Wechselwirkung war unübersehbar: In vielen Priesterseminaren und an den Universitäten entstanden Schönstatt-Zellen, wo Kentenich hinkam, sorgte er für Neugründungen. Was er in den zahllosen persönlichen Gesprächen und aus seinem ausgedehnten Briefwechsel erfuhr, befruchtete wiederum seine Ideenwelt und gab den Kursen die konkreten Themen vor.

Wie schnell und vielfältig die Saat aufging, erinnerte manchen Beobachter an das rasante Wachstum der Urkirche. Im Freiburger Priesterseminar St. Peter verdoppelte sich die Zahl der „Schönstätter“ innerhalb eines halben Jahres von 17 auf 33. Im Speyerer Seminar gehörten von 24 Theologiestudenten elf zum Apostolischen Bund. In der Diözese Münster bekannten sich 1924 bereits 40 Priester und 32 Seminaristen zu Schönstatt. In Württemberg hatten ein Hauptlehrer, ein Zahnarzt und ein Theologe die erste Gruppe gegründet. 1921 etablierte sich das Schönstattwerk in Prag, ein Jahr darauf im schlesischen Breslau.

Priester, die dem Apostolischen Bund angehörten, begannen in den einzelnen Bistümern – mit dem Einverständnis der Bischöfe – die Gruppen zu betreuen und auszubauen. Schönstatt sollte sich auf keinen Fall vom „normalen" religiösen Leben in den Pfarreien und Verbänden isolieren und eine Sonderwelt entfalten, das war Kentenich enorm wichtig: „Alle religiösen Strömungen, die nicht wenigstens auch auf den Schultern des Weltklerus ruhen, werden im Laufe der Zeit zur Unfruchtbarkeit verurteilt", gab er zu bedenken. Und freute sich darüber, dass überall im Land Kapellchen und Bildstöcke mit dem Abbild der *Mater ter admirabilis* entstanden: Schönstatt sei auf dem Weg zur „religiösen Volksbewegung"!

„Nicht ängstlich, aber vernünftig": Pater Kentenich und die Frauen

Zum Volk gehören freilich nicht nur Männer. Wenn sie auch in den Verbänden und politischen Stoßtrupps der beginnenden katholischen Laienbewegung erst zaghaft vertreten waren, trugen die Frauen doch zumindest in den Familien und bisweilen auch im sozialen Bereich die Hauptlast der Weitergabe christlicher Werte und Weltbilder. Interessanterweise waren es Frauen, die auf Kentenich zugingen und die Öffnung von Schönstatt für die weibliche Hälfte der Menschheit anmahnten; die entsprechenden Gründungen waren keine Kopfgeburten von „oben".

In den Feldlazaretten des Ersten Weltkriegs hatten Krankenschwestern die Schönstätter Zeitschrift kennengelernt und mit verwundeten Soldaten über Kentenichs Gedankenwelt gesprochen. Eine von ihnen war Gertraud Gräfin von Boullion, die 1920 mit ihrer Cousine Maria Christmann dem Apostolischen Bund beitrat und das Wachstum des weiblichen Zweigs der Schönstatt-Bewegung kräftig förderte. Dass Kentenich bald über „berufsmäßige Bundesschwestern" nachdachte, wird gern mit praktischen Überlegungen erklärt: Die vielen Besucher und Tagungsgäste in Schönstatt brauchten Köchinnen, Zimmermädchen und Putzfrauen. Wer freilich seine Äußerungen über die besondere Spiritualität und Aufgabe der Frau nachliest, wird spüren, dass er den Frauen eine Schlüsselrolle bei der Erneuerung von Kirche und Kultur zutraute und sie deshalb in seiner Bewegung haben wollte.

Was für den jungen Pater Kentenich gewiss ein komplizierter seelischer Prozess war: In der Priesterausbildung jener Tage nahm die Frau eine merkwürdige Zwitterstellung ein, als Seelsorgsobjekt und Gefahr. Man musste lernen, sie zu betreuen – Kirchen, Beichtstühle, Sterbezimmer waren voller Frauen – und sich gleichzeitig vor ihr zu hüten. Dazu kam die vernarbte, aber noch vorhandene Wunde in seiner Seele: Die leibliche Mutter hatte ihn geliebt, aber weggegeben. Die himmlische Mutter, mächtig, schön, unerreichbar, war der strahlendste Ersatz für alle irdischen Sehnsüchte, den man sich denken konnte – aber eben nur ein Ersatz. Menschen wie der junge Kentenich können gar nicht anders, als die Frau gleichzeitig zu überhöhen und gering zu achten.

Später wird er nicht ohne Selbstkritik über dieses „Spannungsverhältnis zwischen seelischer Nähe und seelischer Ferne“ sinnieren, über die „lebensnahe und gleichzeitig ferne“ Väterlichkeit (von Brüderlichkeit oder Geschwisterlichkeit spricht er nicht), die sein Verhältnis zu Frauen bestimmt habe. „Nach der Priesterweihe habe ich es mir als Grundsatz aufgestellt: soweit es auf mich ankommt, mich vor dem 35. Lebensjahre nicht in tiefere Frauenseelsorge einzulassen. Dieser Grundsatz ist genau durchgeführt worden.“

Die Gräfin von Bouillon hatte Glück: Als sie 1917 zum ersten Mal mit Kentenich Kontakt aufnahm, verwies er sie noch auf seinen Provinzial, Pater Kolb, das sei ein erfahrener Seelenführer. 1920 aber war die Frist vorbei – die Kentenich keineswegs erfunden, sondern in der aszetischen Tradition jener Tage vorgefunden hatte –, und exakt drei Wochen nach seinem 35. Geburtstag nahm Kentenich die Gräfin und ihre Cousine in den Apostolischen Bund auf.

Kentenichs Verhältnis zu Frauen war da noch ziemlich gespalten. Der äußeren Distanz korrespondiert von Anfang an eine innere Bereitschaft, Fähigkeiten und Stärken der Frau anzuerkennen. Während er die „Koedukation“ von Mädchen und Jungen als schädlich ablehnt – wie die meisten konservativen Pädagogen seiner Zeit –, plädiert er schon früh für die Zulassung der Frau zum Studium, was damals noch sehr umstritten war. Und später schwärmt er geradezu vom Ewigen und Metaphysischen in der weiblichen Seele, deren Ideal die Gottesmutter mit ihrem „Sonnenbild weiblichen Adels, weiblicher Größe und Würde“ sei. Emanzipatorische Bestrebungen, welche die Frau zu einer bloßen Kopie des Mannes machen würden, müssen da als Rückschritt erscheinen. Kentenich 1968, kurz vor seinem Tod: „Der Mann wird nicht erlöst, es sei denn durch die erlöste Frau.“

Natürlich wurde auch Joseph Kentenich mit den Jahren milder und lockerer und erwarb die Fähigkeit, augenzwinkernd mit den eigenen Grundsätzen umzugehen. Ein 27-jähriger Priester sollte als Seelsorger bei der weiblichen Schönstatt-Jugend eingesetzt werden; er zögerte, weil er von Kentenichs legendärem 35-Jahre-Limit erfahren hatte, und fragte den Gründer persönlich um Rat.

Der ließ ihn ein paar Tage bei sich wohnen und prüfte ihn während dieser Zeit ganz dezent auf Herz und Nieren. Als einmal im Beisein des Besuchers das Telefon läutete und eine junge Frau mit ihm sprechen wollte, sagte er mit tiefer, strenger Stimme in den Hörer:

„Nein, Sie können jetzt nicht zu mir kommen. Sie sind sehr schön, und hier ist ein ganz junger Priester. Das ist gefährlich, Sie können jetzt nicht kommen." Legte den Hörer auf, begann herzlich zu lachen und gab dem Mitbruder fröhlich die Erlaubnis, bei den Mädchen zu arbeiten. „Ich bitte Sie nur um eines: Sie müssen in allen Maria großziehen. Das soll Ihr Programm sein."

1937 kam er bei Priesterexerzitien auch auf erotische Bedürfnisse und die Zusammenarbeit mit Frauen zu sprechen und stellte den Grundsatz auf: „Der liebe Gott hat ein magnetisches Feld gespannt zwischen Geschlecht und Geschlecht. Deswegen wollen wir nicht ängstlich sein, aber immer vernünftig." Empfindungen zu unterdrücken, führe erfahrungsgemäß zu Zwangsreaktionen. Kentenich: „Man sollte mehr seelisch arbeiten, geistig arbeiten, ruhig bleiben." Bloß keine Schwärmerei! „Wenn Feuer zu Feuer kommt, dann wird die Sache ein bisschen anders; wenn ein Feuerlein isoliert brennt, brennt es bald aus."

1926 bekam Pater Kentenich von der obersten Ordensleitung grünes Licht für die Gründung der *Schönstätter Marienschwestern,* die sich später über alle Kontinente ausbreiteten und 1948 als eines der ersten Säkularinstitute von Rom anerkannt wurden. Als Joseph Kentenich am 15. September 1968 in der Sakristei der Schönstätter Dreifaltigkeitskirche starb, hatte er gerade seine letzte Messe mit 600 Marienschwestern gefeiert, und viele von ihnen knieten draußen im Kirchenraum noch im stillen Gebet.

Den Lernprozess, den in der Zwischenzeit nicht nur Kentenichs Bewegung, sondern die ganze katholische Kirche durchgemacht hatte (und der nach Meinung kritischer Geister noch lange nicht abgeschlossen ist), macht die Posse um Annette Nailis deutlich: Mit 26 Jahren stieß sie schon 1924 zur Bewegung, promovierte zur Dr. phil. und wurde als Novizenmeisterin der *Marienschwestern* zu einer intellektuellen und spirituellen Zentralfigur in Schönstatt. 1937 erschien ihr als „Hand- und Werkbuch" zur „religiösen Formung des Alltags" in Familie und Beruf gedachter Band *Werktagsheiligkeit.*

Doch die wertvolle Schrift nannte die bescheidene Autorin im Titel nur mit ihren abgekürzten Vornamen „Dr. M. A. Nailis", nicht zuletzt deshalb, weil sie, wie man inzwischen weiß, großteils aus der Feder von Pater Kentenich stammte – oder schien es nicht opportun, ein seelsorgliches Handbuch als Werk einer weiblichen Verfasserin anzubieten? Papst Pius XI., dem der gerade neu gewählte Generalobere der Pallottiner den Band überreicht hatte, ließ sich jedenfalls herzlich bedanken und beglückwünschte „den verdienten Verfasser" für seine „überaus soliden und zugkräftigen Ausführungen".

IV
DER TRAUM:

Eine neue Zeit braucht neue Formen von Kirche

„Die Kirche muss die Seele der heutigen Welt werden"

Der Mensch ist aus der Balance geraten und muss wieder in sein Gleichgewicht gebracht werden. So könnte man etwas simpel zusammenfassen, was Joseph Kentenich mit seiner Entgegensetzung von mechanistischem und organischem Denken sagen wollte. Es war der Grundgedanke, der die Anfänge von Schönstatt bestimmte. Mechanistisches Denken heißt: Der Mensch ist nur noch „Material", ein besser oder schlechter funktionierendes Rädchen im Getriebe der Welt, eine Nummer ohne Gesicht und Persönlichkeit. Gottes Schöpfung wird zum beliebig auszubeutenden Rohstoffreservoir.

Wenn gläubige Menschen und kirchliche Amtsträger diesem mechanistischen Denken verfallen, trennen sie Religion und Leben, Lehre und Frömmigkeit, Gott und Welt. Religion wird als Idee und System gesehen, „nicht aber als Leben, als sprudelndes Leben". Entpersönlicht wird nicht nur der Mensch, sondern auch Gott. Das „seelische Volumen", die Aufnahmefähigkeit des Herzens schrumpft zusammen, Gemüt und Wille verkümmern, was sich „im Mangel an Leidenschaft für das Gute" offenbart, „im Verlust der Schwungkraft für die vorbehaltlose Ganzhingabe an Gott und in der Unfähigkeit, sich in die Welt und die Forderungen des Glaubens großmütig zu verlieren. Das religiöse Leben wird als Versicherung für den Himmel aufgefasst; es verliert mehr und mehr den hinreißenden und aufwühlenden Wagnischarakter."

Eine organisch-ganzheitliche Denkweise werde hingegen die Religion im Gemüt, im Herzen, auch im „unterbewussten Seelenleben" verwurzeln, für das „Ausgeglichensein des Empfindungslebens" sorgen und die „Vermählung zwischen Idee und Leben" zustande bringen. Die „Entpersönlichung" müsse auf allen Ebenen überwunden werden: im Einzelmenschen, in den zwischenmenschlichen Beziehungen, im Verhältnis zu Gott.

Kentenich in seiner charakteristischen, ein wenig geschraubten und mit Fremdwörtern gespickten Redeweise: „Gegenüber der Auflösung aller Lebensbänder betonen wir kraftvoll und dauernd den gottgewollten universellen Bindungsorganismus in seiner Ganzheit und in all seinen Teilen; gegenüber der Mechanisierung und Atomisierung der Persönlichkeit fordern und fördern wir das persönliche Liebesbündnis mit Gott und Mensch; gegenüber der geistigen Entmündigung durch Irrationalismus und Vitalismus sorgen wir für die Herrschaft des Geistes; gegenüber dem Übergewicht von Materie und Masse kämpfen wir für die Herrlichkeit und Macht Gottes und der gotterfüllten Persönlichkeit."

„Werktagsheiligkeit": Gott im ganz normalen Leben finden

Unermüdlich, in immer neuen Bildern und Variationen kämpft er gegen die Tendenz zur „Vermassung", gegen den Verlust der persönlichen Entscheidungsfreiheit und den Verzicht auf selbständiges Denken, gegen die „Herrschaft des Alltäglichen, Gewöhnlichen" und die schleichende Verwandlung des Ebenbildes Gottes in ein Herdentier. „Wenn hundert beieinander sind", so zitiert er Nietzsche, „verliert ein jeder seinen Verstand und bekommt einen anderen." Kentenich setzt dagegen eine Pädagogik, die zur Selbständigkeit und zur bewussten, freien Entscheidung ermuntert – freilich orientiert am Willen Gottes. Freiheit soll nicht ins Chaos führen, sondern zu einem sinnvollen, erfüllten Leben.

Nicht um ein Gerüst äußerer Bindungen geht es ihm, das wäre eine Erziehung, die an der Oberfläche bleibt, sondern um die Wiedergewinnung der verlorenen Mitte im Menschen. Um die Heilung und Pflege der Innenwelt, die gegen den Sog der Massenmeinung immunisiert werden soll: „Ich" statt „Man". „Ich will" statt „Man muss". Und wieder die Verbindung von Idee und Leben.

Die „Herrschaft des Alltäglichen" soll gebrochen werden – aber nicht, indem sich der Geist in irgendeine verklärte Welt über den Wolken emporschwingt, sondern durch die Heiligung des ganz normalen Lebens. Der oft graue und banale Alltag wird ernst genommen, Gott vertrauensvoll in die Hände gelegt – und damit verwandelt. „Werktagsheiligkeit“ heißt das in Schönstatt. „Spiritualität des Alltags, der Alltäglichkeit“.

Andere spirituelle Anreger des 20. Jahrhunderts haben ähnliche Ideen gehabt, produktive Köpfe wie der nicht nur wegen seiner militanten Sprache umstrittene *Opus-Dei*-Gründer Josemaría Escrivá de Balaguer: „Es darf kein Doppelleben geben. (...) Entweder lernen wir, den Herrn in unserem alltäglichen Leben zu entdecken, oder wir werden ihn niemals finden.“

Oder der Jesuit und Naturwissenschaftler Teilhard de Chardin, der in seinen Visionen vom „kosmischen Christus“ den Glauben an den Himmel und die leidenschaftliche Liebe zur Erde zu versöhnen suchte: „Die Welt, diese mit Händen greifbare Welt, der wir eine Langeweile und Respektlosigkeit entgegenbrachten, die für profane Orte angeht, diese Welt ist ein heiliger Ort, und wir wussten es nicht. *Venite, adoremus,* kommt, lasst uns anbeten.“

Und schließlich Madeleine Delbrêl, Sozialarbeiterin im französischen Ivry, die Gott auf den Straßen der Großstadt und in den ungestillten Sehnsüchten ihrer Menschen entdeckte: „Egal, was wir zu tun haben: ob wir einen Besen oder eine Füllfeder halten. Reden oder stumm sein, etwas flicken oder einen Vortrag halten, einen Kranken pflegen oder auf einer Schreibmaschine hämmern. All das ist nur die Rinde einer herrlichen Realität, der Begegnung der Seele mit Gott in jeder neuen Minute (...). Man läutet? Schnell, aufgetan! Gott ist es, der uns lieben kommt. Jemand kommt an? Bitte (...) Es ist Gott, der uns lieben kommt. Zeit, sich zu Tisch zu setzen? Gehen wir: es ist Gott, der uns lieben kommt. Lassen wir ihn gewähren."

Im KZ Dachau wird Pater Kentenich eine „Werkzeugs-Messe" texten (der Gläubige soll sich zu Gottes Werkzeug machen), die mit der Aufforderung des Vorbeters schließt:

> „Vom Altare aus
> ziehn wir, Herr, hinaus,
> um dem Alltagsleben
> deine Form zu geben."

Ein neues Bild von Kirche

Der „neue Mensch", von dem Kentenich träumte, der starke, Gott leidenschaftlich liebende und mit seinen Mitgeschöpfen solidarische Mensch, gläubig aus freiem Entschluss und in der eigenen Mitte verwurzelt – dieser neue Mensch verlangte nach einer „neuen Gemeinschaft". Einzelpädagogik und Formung einer geschwisterlichen Gemeinschaft, Sorge um die unverwechselbare, kostbare Persönlichkeit des Einzelnen und Verantwortung für das Ganze, das gehörte bei Kentenich von Anfang an zusammen.

Deshalb bastelte der so gar nicht umstürzlerische, voller Überzeugung in der katholischen Tradition stehende Pater Kentenich unbefangen an neuen Formen von Kirche, wies ihr ganz neue Aufgaben zu, warb lange vor dem Aufbruch des Zweiten Vatikanischen Konzils für eine strahlende, in die Menschen verliebte, mitreißend von Gott erzählende Kirche mit offenen Fenstern und Türen.

Das sei ja die Tragik der katholischen Pädagogik und Seelsorgsarbeit, gab er zu bedenken, „dass wir vielfach jeweils Menschen zu erfassen suchen, die schon nicht mehr existieren. Die haben einmal existiert. Wir pastorieren [treiben Seelsorge] also immer weiter, wie es auch vielleicht in einer früheren Generation war. Daher kommt es denn wohl auch, dass die konservative Einstellung, die dem Katholizismus im Blute liegt, mit der Zeit etwas Versteinertes und Verkalktes annimmt. Und doch hat die Kirche den Auftrag bekommen: Gehet hinaus in alle Welt und lehret alle Völker aller Zeiten, aller Zonen – also auch aller Generationen! Die Kirche hat damit den Auftrag bekommen, die Menschen zu erfassen und zu formen, so wie sie heute existieren, mit ihrer jetzigen seelischen Struktur, mit ihren augenblicklichen seelischen Nöten und Kämpfen und Krämpfen."

Das schrieb der in seiner hellsichtigen Ungeduld bisweilen etwas forsche Pater Kentenich nicht etwa in den sechziger Jahren, als das Konzil der katholischen Kirche ein frisches, einladendes Gesicht verpasste, sondern 1931!

Damals pflegte er die Teilnehmer seiner Kurse und Exerzitien einzuladen, von den braunen Neuheiden und Kirchenfeinden auch etwas zu lernen: „Volkspsychologie". Was heißen sollte, sich auf die Bedürfnisse,

Sehnsüchte und Verstehensmöglichkeiten der Adressaten einzustellen. Die Kirche befinde sich in einem so radikalen „Entformungs- und Umformungsprozess" wie selten in ihrer Geschichte, behauptete er 1934 auf mehreren Tagungen unter dem harmlosen Motto *Marianische Erziehung*.

Konkret: Auf dem Weg zur Weltkirche müsse sie ihr europäisches Gewand ablegen. Die katholischen Milieus seien dabei, sich aufzulösen. Die Kirche müsse lernen, sich wieder stärker auf die Kraftquellen der Übernatur zu verlassen und auf weltliche Macht und materielle Sicherheiten zu verzichten. Neue Formen von Kirche müssten entwickelt werden, um ihr Weiterleben zu sichern, wenn die Vereine und Verbände zerschlagen würden, forderte Kentenich im Blick auf die Kampfmethoden der Nazis. „Ohne Formen geht es nicht. Es fragt sich nur: Welche Formen dürfen zerschlagen werden, und wie kommen aus den Urprinzipien, aus den letzten Triebkräften neue Formen?"

Oh doch, die Kirche bleibe der Fels in der Brandung, die Garantin der ewig geltenden, unerschütterlichen Wahrheiten, beruhigte er seine Zuhörer 1964, als er im Exil im amerikanischen Milwaukee gnadenlos lange, aber fesselnde Sonntagspredigten hielt. Aber „ein Fels, der sich gleichsam in die Welt hinein bewegt"! Kentenich: „Die Kirche muss sich gegenwärtig setzen, überall. (...) Nicht also, die Menschen müssen zur Kirche kommen: die Kirche muss zu der Welt gehen! Und wer ist das, was heißt das, die Kirche? *Ich* bin die Kirche! Wo ich als Glied der Kirche stehe und gehe, da *ist* Kirche!"

„Die Welt draußen schläft nicht", fuhr der damals immerhin knapp 79-jährige Visionär fort. „Die ist bewegt! (...) Eine vielbewegte, geistig ungemein wache, forschende Welt! Und für diese Welt sind wir da: bin ich da, seid ihr da, jeder von uns. In dieser bewegten Welt muss ich die Kirche – und wenn sie nicht insgesamt geschlafen hat, hat sie in mir geschlafen – lebendig setzen."

Der alte Mann ist sich völlig klar: Diese Welt führt längst ihr Eigenleben fern der Kirche, sie setzt sich ihre eigenen Wertmaßstäbe, betrachtet die Kirche allenfalls als liebenswürdiges Überbleibsel aus einer vergangenen Zeit. Aber das darf nicht so bleiben. Kentenich beschwörend: „Die Kirche wird sich bewusst, sie muss das Lebensprinzip, also die Seele der *heutigen* Welt, der kirchenfeindlichen, der gottfeindlichen, der kirchenflüchtigen, der gottflüchtigen Welt werden." Dann dürfe sie aber nicht „eine Reliquie sein von uralten Auffassungen", sondern eine lebendige Wirklichkeit.

Als der wagemutige Papst Johannes XXIII. gestorben war, zog Kentenich vor seinem Predigtpublikum in Milwaukee Parallelen zur Geschichte Abrahams, den Gott auch in eine unbekannte Zukunft geschickt habe: „Zieh hinaus, heraus aus deinem Land! Aus welchem Land? Sorge dafür, dass die Kirche, die bisher wie ein unbeweglicher Block dagestanden hat, dass die innerlich sich lockert und löst; dass sie den Mut hat, die Fenster aufzumachen, Fenster und Türen aufzuriegeln, um den Geist der Welt in ihre Räume hineinzulassen und ihren Geist, den Geist der Kirche, hinausfluten zu lassen in die heutige total gewandelte Welt!"

„Oasen" als Vorgriff auf die neue Welt

Dann bekommen die von ihm gegründeten Gemeinschaften natürlich auch einen ganz neuen Stellenwert. Sie sollen – wie es Kentenichs einfühlsamer Biograph Engelbert Monnerjahn zusammenfasst – „nicht nur, wie man früher zu sagen pflegte, Instrumente oder Hilfstruppen der Kirche sein, über die die kirchliche Autorität verfügen könnte. Sie sollten ein Stück Kirche sein, ein Stück Kirche, in dem die Kirche selbst lebendig ist, und das heißt: ihre Sendung vollzieht, Gottes Willen tut, zu den Menschen geht, die Welt christlich gestaltet, die Zukunft erobert – eine Kirche im kleinen, die ihre Aufgabe als Glied der großen Kirche nach allen Richtungen verantwortungsbewusst erfüllt."

So bescheiden es oft klingt, wenn die Schönstätter ihre eigenen Strukturen zu beschreiben suchen: Vielleicht sind sie längst ein zukunftsträchtiges Modell, um das oft von Machtspielen und Misstrauen beschädigte Miteinander in der Kirche neu und evangeliumsgemäßer zu gestalten. Laut Monnerjahn vermag das Schönstattwerk Einheit und Vielfalt des Lebens, Autorität und lebendige Freiheit, Führung von oben und Initiative von unten auszubalancieren – jeweils zwei Seiten einer Medaille, die beide wichtig sind und doch oft zu kaum lösbaren Konflikten führen.

„Oasen" als Vorgriff auf eine neue Welt, kleine Zellen gelebten Christseins, um Menschen zu gewinnen wie in den Anfängen des Christentums, als es noch keine Großinstitution Kirche gab, aber Hausgemeinden und verschworene Gemeinschaften von verblüffender Strahlkraft – das wünscht er sich: „Weg mit diesem Pessimismus, mit dem Gedanken, es lässt sich keine vollendete erlöste menschliche Gesellschaft schaffen. Wir müssen eine Oase schaffen, und jeder kann es."

Von „fliegenden Liebesinseln" träumt er in seiner unnachahmlichen, altmodischen und zugleich stürmisch vorwärtsdrängenden Sprache, von Liebesinseln, „die allerorts um unsere Filialheiligtümer kreisen" und sich einmal zu einem geschlossenen „Inselreich" vereinigen sollen. Von einem „Abenteuer heroischer Liebe", das neue Gestalten von Kirche schaffen wird. Das alles lässt sich freilich nicht am grünen Tisch planen und in Programme gießen, es ist wie alles in Schönstatt ein lebendiger Prozess, eine „organisch aufgebaute, zeitgemäße und zeitüberwindende Ideen-, Lebens- und Gnadenbewegung." (Kentenich)

Und Maria, die *Dreimal Wunderbare,* ist immer dabei. Warum soll sie, die an der Sendung ihres Sohnes teil und die Menschen lieb hat, Christus nicht erneut gebären für die im Werden begriffene neue Welt? Alles sei am Zerbrechen, stellte Pater Kentenich 1947 auf seiner Lateinamerika-Reise fest. „Wer ist berufen, der Welt Christus zu schenken? Das ist die Christusträgerin. Wir müssen sie der Welt zeigen." Denn in Maria, so sagte er bei anderer Gelegenheit, sei das menschliche Antlitz Gottes und das Bild des Menschen, wie ihn Gott gedacht habe, vereint. „Es strahlt uns aus ihm entgegen die gütige, menschlich ansprechende Seite des Gottesbildes, seine Güte, seine Liebe und sein Erbarmen.“ Und: „Maria ist die Verkörperung des echt Menschlichen.“

Darauf kommt es an, und man muss es den Skeptikern und den flüchtigen Kentenich-Lesern immer wieder klar machen: Die innige Liebe der Schönstätter zu ihrer Madonna ist kein Selbstzweck, sondern dient einer sehr bewussten Christusfrömmigkeit. Maria als ideales Modell des gläubigen Menschen, Maria als Erste der Erlösten, Maria als Mutter Christi und folgerichtig auch seines Leibes mit den zahllosen Gliedern: der Kirche. „Wir müssen kleine Marien werden“, rief er einmal in Milwaukee seinen Predigthörern zu, „wir müssen an dem Kreuzestod des Heilandes ähnlich teilnehmen, wie die Gottesmutter das getan hat.“

Eindeutig auch das Gebet zu Maria in der Liedersammlung aus Dachau:

> „Lass uns gleichen deinem Bild,
> ganz wie du durchs Leben schreiten:
> stark und würdig, schlicht und mild,
> Liebe, Fried‘ und Freud‘ verbreiten.
> In uns geh durch unsere Zeit,
> mach für Christus sie bereit.“

V

DER MENSCH:

Vor Gott gibt es nur Geschwister

„Vergiss nicht, dich selbst zu lieben"

„Herr Pater", staunte ein Besucher, „wie kommt das, dass man von Ihnen immer als ein besserer Mensch fortgeht?"

„Bei jedem Besuch schien es mir, als sei er nur für mich da", erinnerte sich ein anderer, der bei Kentenich regelmäßig zu beichten pflegte. Und ein Dritter: „Ich konnte ihm vieles sagen, was ich meinem eigenen Vater nicht erzählt hätte."

Joseph Kentenich war ein Visionär, der nichts lieber tat, als „aus dem Nichts eine ungeheuer große und weite Welt zu schaffen". Er war ein einfühlsamer Pädagoge, der seinen Schützlingen und Freunden unnachahmlich klar machen konnte, wie außergewöhnlich wichtig das Gewöhnliche im Leben ist: „Die kleinen Ereignisse, die tagtäglich geschehen, sind kleine Propheten Gottes." Er war selbst ein – ziemlich großer – Prophet, der die Sicht vom Menschen, die gesellschaftlichen Strukturen und die Beziehung des Menschen zu Gott in einem epochalen Wandel begriffen sah und der Kirche die Unruhe und missionarische Kraft ihrer Anfänge wiedergeben wollte. Und ein begnadeter Organisator, weit blickend und über dem großen Ganzen die konkreten Details nicht vergessend.

Vor allem aber ist er ein Mensch mit Charisma gewesen. Eine jener seltenen spirituellen Naturen, die nicht sich selbst als Guru präsentieren und gläubige Gefolgschaft beanspruchen, sondern – wie John Henry Newman einmal gesagt hat – nur wie ein Glas sein wollen, durch das Gottes Licht hindurchscheint.

Wie man den KZ-Bunker übersteht

Wer sich mit Kentenichs Leben befasst, wird zunächst einmal von der Zähigkeit fasziniert sein, mit der er gegen alle Widerstände und trotz mancher Niederlagen (und ohne Rücksicht auf seine nicht besonders robuste Gesundheit) am einmal als richtig erkannten Ziel festhielt. Es schien nichts zu geben, was diesen wild zu Taten entschlossenen Träumer bremsen konnte.

Es gibt dazu viele Kentenich-Anekdoten wie jene aus dem Jahr 1947, als er zum ersten Mal nach Südamerika reiste. Der Flug über die Anden, so erzählte er später und genoss sichtlich das Schaudern seiner Gesprächspartner, sei diesmal „doppelt und dreifach gefährlich“ gewesen, „weil unmittelbar vorher drei Flugzeuge abgestürzt waren. Da wollte keiner mehr fahren. So kam es, dass ich allein einen Einundzwanzigsitzer bekam. Ich will nicht sagen, ganz allein, es waren ja noch vier Schwestern bei mir (...). Sonst hatte keiner den Mut gehabt, mitzufahren. Das ging so 400 Meter hoch und dann wieder 60 Meter in die Tiefe. Die Schwestern, die bei mir waren, waren buchstäblich am Sterben. Aber es ist wieder gut gegangen."

Was wie unvernünftige Verwegenheit aussieht, war wohl eher eiserne Disziplin und selbstverständliche Geborgenheit in Gott. Beides hatte er sich früh antrainiert, und beides half ihm, Katastrophen wie die KZ-Haft zu überstehen und sich von Nackenschlägen wie der Verbannung durch die Kirchenleitung nicht zerstören zu lassen. Kentenich hatte sich dazu erzogen, beim Essen und Trinken mäßig zu sein, mit wenig Schlaf auszukommen – und sämtliche Vorträge, auch wenn sie länger als eine Stunde dauerten, im Stehen zu halten.

Als man ihn vor seinem Transport nach Dachau in den lichtlosen unterirdischen „Bunker" des Koblenzer Gestapo-Gefängnisses steckte, machte sich dieses Training bezahlt. Seelisch ungebrochen und körperlich in verhältnismäßig guter Verfassung kletterte er Wochen später wieder ans Tageslicht und bemerkte in einem Brief: „Wie hätte ich die ersten vier Wochen aushalten können, wenn ich nicht wie Paulus den Körper ständig mit Fäusten behandelt hätte?"

Unter dem Bewachungspersonal der KZs befanden sich höchst erfinderische Sadisten. In Dachau hatte man in dem Büro, wo die Personalien der Neuankömmlinge aufgenommen wurden, einen Stuhl mit einem verborgenen spitzen Nagel und einem raffinierten Mechanismus ausgestattet: Wenn die SS-Mannschaft einen Hebel drückte, schnellte der Nagel durch die Sitzfläche und drang dem Häftling ins Gesäß. In aller Regel sprang der arme Kerl schreiend auf, und die Rohlinge wollten sich jedesmal vor Lachen ausschütten.

Auch Kentenich machte als Häftling Nummer 29392 Bekanntschaft mit der Erfindung. „Was haben Sie denn gemacht?", wollte man Jahre nach dem Krieg von ihm wissen. Es klingt verrückt, aber Kentenich gab die ruhige Antwort: „Den Gefallen tat ich ihnen nicht! Ich bin einfach sitzen geblieben."

Diese innere Stärke hatte viele Facetten. Eine gewisse Sorglosigkeit gehörte dazu, die Gnade, sich selbst nicht so schrecklich wichtig zu nehmen. „Nichts in Schönstatt ist im üblen Sinn des Wortes ‚gemacht'", erläuterte er einmal, „alles ist geworden (...) nach göttlicher Planung (...)". Daraus wächst Gelassenheit: Im Herbst 1965 traf ihn ein Schönstattpriester, der ihn bisher nur von Briefen und vom Telefon her kannte, zufällig auf einer Jugendwallfahrt nach Rom. Kentenich empfing den aufgeregten jungen Mitbruder mit ausgebreiteten Armen, erkundigte sich interessiert nach seiner Jugendgruppe, nahm ihm jede Befangenheit. Erst nach einer Stunde beendete er das Gespräch mit dem dezenten Hinweis, er habe in zehn Minuten noch einen Termin.

Viel später erfuhr sein Gesprächspartner, dass es bei diesem „Termin" – vermutlich bei Kardinal Bea – um Kopf und Kragen für Pater Kentenich ging: Sollte er in Rom bleiben oder gleich wieder nach Milwaukee in die Verbannung zurückgeschickt werden? Jeder andere wäre bedrückt, mit seinen Gedanken ganz woanders gewesen, hätte dem Besucher vielleicht seine Sorgen oder seinen Ärger anvertraut. Kentenich blieb in dieser brisanten Situation fröhlich und souverän wie immer. *Mater habebit curam,* pflegte er zu sagen, wenn sich Schwierigkeiten auftürmten: „Die Mutter wird schon sorgen."

Als sich unmittelbar nach dem Ersten Weltkrieg in der Schönstätter Gegend die Kircheneinbrüche häuften und auch die Tabernakel ausgeraubt wurden, stellte man dort im Studienheim Wachen auf. Eines Nachts war Pater Kentenich dran. Ein paar von den älteren Schülern – sie waren gerade von der Front heimgekehrt – fanden es ziemlich unvorsichtig, wie er gemächlich auf und ab wanderte, den Rosenkranz in der Hand.

Sie schleppten ein Bajonett an und drückten es Kentenich in die Hand. Der bedankte sich freundlich, trug es folgsam auf und ab – bis seine kriegserfahrenen Schützlinge in ihre Zimmer zurückgekehrt waren. Dann legte er das gefährliche Spielzeug auf eine Fensterbank und betete weiter seinen Rosenkranz.

Er bluffte, ohne rot zu werden

Die sorglose Gelassenheit paarte sich freilich mit wacher, präziser Konzentration. Noch im Alter konnte er Nächte durcharbeiten und bis zu vier Exerzitienkurse oder Schulungen nebeneinander halten, ohne Themen und Teilnehmer durcheinander zu bringen. Ein paar Theologen trafen sich bei ihm zu einer „Lesestunde":

Berichte und Analysen wurden vorgetragen und diskutiert. Pater Kentenich saß an seinem Schreibtisch, erledigte scheinbar abwesend seine Post und blätterte in Zeitungen; er kannte offenbar den Inhalt der vorgelesenen Schriftstücke. Und zwar so gut, dass er den Referenten blitzschnell korrigierte, als der sich einmal verlas – was keinem sonst in der Runde aufgefallen wäre.

Seine Zuhörer waren immer wieder überrascht, dass er bei seinen ausufernden, immer frei vorgetragenen, manchmal vom Hundertsten ins Tausendste springenden Reden und Predigten so gut wie nie den Faden verlor. Wenn er mitten aus einem Diktat ans Telefon oder zu einer Verabredung gerufen wurde, setzte er es nach seinen Rückkehr mit nachtwandlerischer Sicherheit an der Stelle fort, an der es abgebrochen worden war.

Zum Glück – denn allzu perfekte Zeitgenossen machen uns Angst – wird berichtet, dass der geistig so präsente Joseph Kentenich auch ganz schön zerstreut sein konnte; nicht selten geriet er in einen Regenguss, ohne zu merken, dass er nass wurde. Deshalb kam er auch nicht auf die Idee, die triefende Kleidung zu wechseln, und erkältete sich wieder einmal.

Und dass er manchmal bluffte, ohne rot zu werden. Seine Priesterexerzitien und pädagogischen Tagungen bereitete er zwar immer mit Akribie und fleißigem Literaturstudium vor. Wenn sich aber in Schönstatt Professoren mit klingenden Namen und respektheischende Prälaten anmeldeten, bekam er bisweilen Lust, in der Bibliothek schnell die neuesten wissenschaftlichen Zeitschriften durchzublättern: er merkte sich ein paar Überschriften und die eine oder andere These. „Dazu habe ich dann Stellung genommen, und alle wunderten sich, wie sehr ich auf der Höhe der Zeit war."

Sein leicht sarkastisch gefärbter Humor war legendär. Er alberte gern herum, erfand für seine Mitarbeiter seltsame Kosenamen wie „Hektor, der Rektor" für einen wachsamen Hauswart oder „Pater Mumpitz" für einen Chilenen, der sich für die Bedeutung dieses Wortes interessiert hatte, weil er es nicht in seinem Wörterbuch fand. In Milwaukee nannte er die Pfarrhaushälterin die „kleine Maria" und eine Helferin in der Deutschenseelsorge mit demselben Vornamen, um sie zu unterscheiden, die „große Maria". Letztere stellte er einem deutschstämmigen Argentinier mit großer Geste als „Maria vom hohem Wuchs" vor, machte dem nicht besonders gut Deutsch sprechenden Besucher weis, der „hohe Wuchs" sei ein Gebirge im Münsterland, und begrüßte die Seelsorgshelferin fortan mit Stegreifreimen à la „Maria vom hohen Wuchs, schnell wie ein Lux, schlau wie ein Fuchs" ...

Einmal verteilte er Schokolade an eine Gruppe älterer frommer Damen. Eine von ihnen zierte sich; sie habe gelesen, die Heiligen verzichteten auf solche Naschereien. „Ach nehmen Sie ruhig", grinste er sie an, „das kommt bei Ihnen nicht in Frage."

Doch genauso gern nahm er sich selber auf den Arm. Nach seiner Entlassung aus dem KZ kam er erst mal in Ennabeuren auf der Schwäbischen Alb unter. Sogleich erörterte er mit Kaplan Heinz Dresbach, der zusammen mit ihm in Dachau gewesen war und sich jetzt dort in Ennabeuren aufhielt, die unsicheren Möglichkeiten, nach Schönstatt weiterzureisen. Er hatte Heimweh. Ob man es nicht mit einem Pferdegespann versuchen könnte? In einem nächtlichen Gespräch malten sich die beiden die abenteuerliche Fahrt aus und gerieten immer mehr ins Fantasieren. Am Ende verlangte Kentenich, die Pferde seien natürlich nach Schönstätter pädagogischen Methoden zu erziehen. Oder es komme alles anders: „Ich sehe uns schon in Schönstatt einziehen, wir zwei ziehen und die Pferde sitzen im Wagen!"

Er konnte spontan und impulsiv sein wie ein Junge: Ganz am Anfang der Schönstattbewegung hatte er eine Gruppe von Jugendlichen bei einer Tagung so begeistert, dass man einen Fackelzug plante und den „Herrn Pater“ unbedingt dabei haben wollte. Kentenich hatte an diesem Abend überhaupt keine Zeit, was seine Fans allerdings kalt ließ. Sie klopften stürmisch an die Tür des Sprechzimmers, wo er gerade mit der Oberin der Marienschwestern konferierte, und kündigten an, sie würden ihn jetzt gleich abholen. Worauf der agile Pater kurz entschlossen aus dem Fenster kletterte und durch den dunklen Vorgarten in das nahegelegene Studienheim entwich. Den Fackelzug soll er sich von dort jedoch eine Weile gerührt angeschaut haben.

„Auf einmal war er ein junger Mann“

Hat er denn niemals an seiner Aufgabe gezweifelt? Kam ihm nicht der Gedanke, irrige Ziele zu verfolgen, falsche Rezepte für die Krise von Kirche und Gesellschaft anzubieten? Selbstgefällig, arrogant war Kentenich nie – aber von einer unverschämten und zugleich demütigen Selbstsicherheit. Wie damals, als er einem Mitarbeiter mit breitem Lächeln sagte: „Wenn Sie hinter mir nicht den lieben Gott sehen, dann verstehen Sie natürlich nichts."

Er ist 31 Jahre alt, als er in einer sehr privaten Aufzeichnung zugibt, die „Riesenaufgabe" lasse ihn „förmlich erzittern". Kentenich: „Schwach meine Gesundheit, linkisch, unbeholfen mein Auftreten – Folge von Erziehung und Nervosität -, unbedeutend mein Wissen, sowohl meine allgemeine als (auch) die klassische Bildung. Alles in allem: Mangel an den notwendigsten natürlichen Vorbedingungen, und zu ihrer Aneignung fehlt mir bei der Unsumme von Arbeit Zeit und Gelegenheit."

„Ist es da nicht ein Wahnsinn," fährt er fort, „an den Plänen festzuhalten? Wie zufrieden, ruhig – und doch priesterlich könntest du leben, wenn du dein eigentliches Amt, das des Spirituals, beibehieltest und alles andere an den Nagel hingest. Du könntest deine Gesundheit pflegen, dein Wissen bereichern, dich besser in Gesellschaft bewegen (...)

Und doch: Wenn der liebe Gott und unsere himmlische Mutter dich brauchen wollen – wenigstens so lange, bis ein anderer auf der Bildfläche erscheint, der brauchbarer ist und rüstig weiterarbeiten kann. ‚Hier bin ich, Herr, sende mich, wohin Du willst!'"

Wer sich selbst derart überzeugend als Diener einer größeren Wirklichkeit einschätzt und nicht als unentbehrlichen Mittelpunkt, kann auch mit Niederlagen gelassen umgehen und massive Widerstände als freundliche Boten Gottes interpretieren: Die innerkirchlichen Attakken auf das Schönstattwerk, so Kentenich 1939, habe der himmlische Vater wohl deshalb zugelassen, „um uns auf Dinge aufmerksam zu machen, die er von uns besonders betont und wirksam gemacht wissen will."

Und es klingt absolut ehrlich, wenn er bei seinem 40-jährigen Priesterjubiläum am 8. Juli 1950 etwas verlegen feststellt: „Sicher, man könnte meinen, was ich alles zusammengearbeitet. Nichtsdestoweniger komme ich mir vor, als wenn ich nichts getan hätte (...). Ich habe tatsächlich weiter gar nichts getan in all den vierzig Jahren, als in jeder Sekunde Ja gesagt, sonst gar nichts (...)."

Bitterkeit kann da nicht aufkommen, auch wenn einem das eigene Engagement nicht immer gedankt wird. Es war der Münsteraner Weihbischof Heinrich Tenhumberg, ein treuer Freund des Schönstattwerkes, der ihm 1965 nach vierzehnjähriger Verbannung die vollständige Rehabilitation aus Rom mitteilen durfte. Tenhumberg erinnert sich: „Als ich ihm die Nachricht brachte, dass die Plenarversammlung der Kardinäle des Heiligen Offiziums ihn von allen restriktiven Auflagen befreit habe, schaute er mich an, schwieg eine Weile. Ich hatte den Eindruck, dass er betete. Er bat dann ganz schlicht, ihm Näheres zu erzählen."

Alle, die ihn kannten, waren fasziniert von der tief innerlichen Freude und zuversichtlichen Hoffnung, die er ausstrahlte. Das war etwas ganz anderes als die Maske oberflächlicher Fröhlichkeit, die Kirchenleute gern tragen. 1935 widmete er dieser Christentugend einen speziellen, sehr gründlich ausgearbeiteten Exerzitienkurs über die „priesterliche Lebensfreude". Denn träge, enttäuschte, hoffnungslose, müde gewordene Verkünder lähmten die Wirkung des Evangeliums.

Sogar am Sterbebett verströmte er Freude. Einem Weggefährten aus der Gründergeneration, der todkrank in einem Mainzer Krankenhaus lag, schickte er einen Brief, dessen forschen Unterton wohl nur ein gläubiger Mensch zu verstehen vermag: „Lieber Fritz! Wie man mir sagte, bist Du auf dem Weg zum Himmel. Was wir erstreben, das ist Dir in naher Aussicht. Ob Du Dich freust, unsere alten, treuen Mitsodalen bei unserer himmlischen Mutter wiederzusehen? Grüß sie alle von mir und sag ihnen, sie sollen mich nicht vergessen und mir helfen, meine Lebensaufgabe zu lösen. Ich helfe Dir auch beten, dass Du die Deinige glücklich vollendest."

Die entsprechende Strophe aus den in Dachau entstandenen Liedern lautet:

> „Lass uns als Feuerbrände glühen
> und freudig zu den Völkern ziehen,
> als der Erlösung Zeugen streiten,
> sie zum Dreifalt´gen jubelnd leiten."

Wenige Wochen vor seinem Tod erlebte ihn eine Mitarbeiterin bei einer Messe in Schönstatt. „Er sah müde und alt aus“, erinnerte sie sich, „als er aufrecht und ehrwürdig zum Altar schritt; als er jedoch zu sprechen begann (und er sprach fast eine Stunde), erhellte sich sein Gesicht; auf einmal war er eine andere Person, ein junger Mann.“

Ein Weihnachtsmann in Milwaukee

„Vertrauensglaube“ war das Zauberwort, das in diesem Leben so viel Freude und Hoffnung aufstrahlen und Kentenich die Herzen zufliegen ließ. „Der echte Christ bejaht seine Grenzen,“ pflegte er zu bemerken, „sein Kleinsein, wirft sich aber vertrauensvoll in die Arme des Vaters und wird so Herr über all seine Sorgen, während der moderne Heide, der diese Zusammenhänge nicht kennt, sich in sich selbst verkrampft und am Leben früher oder später zerbricht.“

Und dann diese umwerfende Güte, die er verbreitete wie ein wärmender Ofen! Eine junge Inderin erinnerte sich, bei der ersten Begegnung sei er mit ausgebreiteten Armen und den Worten „Wo ist denn das Kind?“ auf sie zugeeilt, und sie – Sozialwissenschaftlerin mit fertigem Uni-Abschluss – fühlte sich überhaupt nicht wie ein unreifes Mädel behandelt, sondern in ihrer Sehnsucht nach einem Vater bestätigt. Auf seiner Lateinamerikareise 1947 sprach Kentenich im Schönstatt-Heiligtum von Montevideo gerade zu den versammelten Schwestern, da öffnete der dortige Pfarrer vorsichtig die Tür; er wollte nicht stören, nur zuhören. Sofort stürmte Kentenich auf ihn zu, nahm ihn in seine kräftigen Arme und redete ihn mit *Amicus meus* an, „mein Freund!" Einen Priester namens Pater Herz begrüßte er mit dem Hinweis, in Schönstatt gelte weniger das Bibelwort „Im Anfang war das Wort" oder das Goethe-Zitat „Im Anfang war die Tat", sondern die schlichte Lebensweisheit „Im Anfang war das Herz".

Ein besonders enthusiastischer Kentenich-Fan wollte in Schönstatt keinen Vortrag verpassen und saß so lange in Pater Josephs Kursen – in der ersten Reihe –, dass er am Ende mehrfach einschlief. Voller Scham wollte er sich entschuldigen, doch Kentenich unterbrach ihn lächelnd: Er habe doch gesehen, wie konzentriert er seinen ersten Vorträgen gefolgt sei. Jetzt sei seine Seele einfach voll und könne keine Eindrücke mehr speichern, und das sei gut so; er solle ruhig ein wenig schlafen, sein Unterbewusstsein werde in der Atmosphäre des Kurses bleiben. Der Gast war selig, und die schmunzelnden Kursteilnehmer konnten in den nächsten Stunden einen entspannt schlummernden Mitschüler zu Füßen des Lehrers betrachten.

Ein anderer Weggefährte hat nie vergessen, wie der Schönstatt-Gründer in Milwaukee auf der Straße einen abgerissenen Schwarzen grüßte: Er lüftete den Hut und machte eine kleine Verbeugung. Und als er mit einem etwas ratlosen jungen Mann über dessen Verlobung und verschiedene sexuelle Themen gesprochen hatte, verabschiedete er ihn keineswegs mit ernsten Warnungen, sondern mit dem fröhlichen Satz: „Und jetzt wünsche ich dir, dass du heute von deiner Freundin träumst!"

Im KZ Dachau lieferte er die Köstlichkeiten, die ihm – als die Paketsperre aufgehoben worden war – geschickt wurden, sogleich bei einem Mitbruder ab, der ein begnadeter Koch, aber ein ziemlich brummiger, herablassender Mensch war. Kentenichs Mitarbeiter verübelten ihm sein schroffes, wortkarges Wesen; aber Pater Joseph selber war ganz begeistert von dem spröden Charakter: „Was der für eine nette Art hat, nicht?" fragte er in die Runde. Originale faszinierten ihn, gerade wenn sie kantig und schwierig waren.

Kleine Gesten, nichts Weltbewegendes. Aber was sich darin Bahn bricht, macht den Priester Kentenich so glaubwürdig: eine lautere, nie berechnende Menschenliebe und die wache Aufmerksamkeit für den anderen. „Wenn ein Menschenkind vor ihm stand, das Hilfe brauchte", erzählt eine Schönstätterin, „existierte nichts anderes für ihn, weder Grenzen der Gesundheit noch andere, drängende Sorgen. (...) Da war jemand, dem man sich tatsächlich anvertrauen konnte und bei dem man dieses Sich-Anvertrauen riskieren wollte, denn es war offensichtlich, dass er zu Höhen führen konnte, die man mit eigenen Kräften nie erreichen würde."

Die Menschen spürten, dass er sich Mühe gab, sich in ihre Gefühle hineinzuversetzen. Als ganz am Anfang gleich drei Töchter aus einer Familie bei den Marienschwestern eintraten, schickte er sie zum Fotografen, ließ das Portrait rahmen und schenkte es den zwischen Betrübnis und Stolz schwankenden Eltern zu Weihnachten. Eine andere Mitarbeiterin war nach Hause gefahren, wo der Vater im Sterben lag und die Mutter ihren Beistand brauchte. Als er tot war, fragte sie bei Pater Kentenich an, wann er mit ihrer Rückkehr rechne. Kentenich antwortete: „Bleiben Sie noch ein halbes Jahr zu Hause, bis sich die Mutter an das Alleinsein gewöhnt hat."

Noch nach Jahren erinnerte er sich an die großen und kleinen Probleme von Menschen, mit denen er gesprochen hatte – und an ihr Lieblingsessen, das er dann herbeizuzaubern suchte, wenn sie nach Schönstatt kamen. Einmal waren die Eltern einer jungen Marienschwester zu Besuch, und Kentenich bemerkte, wie unruhig der Vater – ein Landwirt – war. Schließlich bekam er heraus, dass daheim auf dem Bauernhof gerade eine Kuh kalben sollte und dass sich die Eltern deshalb Sorgen machten. Nach vielen Jahren traf Kentenich die Familie wieder – und wollte sofort lächelnd wissen: „Und die Kuh, hat sie gut gekalbt?"

Charakteristisch erscheint sein Verhältnis zu der Briefpost, die ihn säckeweise erreichte. Er bemühte sich, jeden Brief zu lesen und die wirklich wichtigen möglichst bald zu beantworten. Die Sekretärin, die er später hatte, war fasziniert von der Ehrfurcht, mit der er die Korrespondenz behandelte. „Bevor er einen Brief in den Papierkorb warf, segnete er still den Absender." Erstaunliches berichtet sein Biograph Uriburu: „Er konnte sogar den Absender an der Schrift erkennen und war imstande, auf frühere Briefe dieser Person Bezug zu nehmen, auch wenn er sie nicht zur Hand hatte."

Mit Kindern konnte er unbefangen umgehen wie ein Großvater; da gab sich der sonst gern etwas gravitätisch

auftretende Pater Joseph ausgelassen, immer bereit, in schallendes Gelächter auszubrechen. Während seines Exils in Milwaukee wanderte er mit einem Besucher in angeregtem Gespräch über den Friedhof von *Holy Cross*. Ein Knirps blieb fasziniert vor dem weißbärtigen Priester mit dem freundlichen Gesicht stehen: Das musste der Weihnachtsmann sein, *Santa Claus!* Aber es war doch erst Mai?

Der Dreikäsehoch überwand seine Verwirrung, richtete seinen Zeigefinger auf die rätselhafte Gestalt und rief tapfer „Hoho!" Wie es amerikanische Kinder eben tun, wenn *Santa Claus* mit seinem Gabensack erscheint. Das ältere Schwesterchen wollte den Kleinen schnell wegziehen, aber Pater Kentenich winkte ihn heran und fragte glucksend vor Vergnügen, ob er denn nachschauen wolle, ob sein Bart echt sei. Der Knirps blickte unsicher zwischen dem vermeintlichen Weihnachtsmann und seiner peinlich berührten Schwester hin und her, entschloss sich, als Kentenich sich lächelnd zu ihm herab bückte, dann aber doch zur Prüfung und zog kräftig an der weißen Pracht. „Echt?" fragte Kentenich. „Echt!" bestätigte der Kleine zufrieden.

Der Schönstatt-Gründer sah in Kindern keineswegs bloß putzige Gestalten, über die man sich amüsieren konnte. Er nahm sie ernst. 1927 hielt er den ersten Kinderkurs in Schönstatt! Und realistisch war er auch: „In vielen Fällen", bemerkte er bei Exerzitien für eine Gruppe von Müttern, „kommen die Kinder eher zu Schönstatt, wenn wir dagegen sind, als wenn wir dafür werben." Widerspruchsgeist gehöre zum Erwachsenwerden. „Es hängt vielfach mit unserer Ungeschicklichkeit zusammen."

Lernfähiger Menschenführer

Charismatische Beweger wie Joseph Kentenich erscheinen bei flüchtigem Hinsehen wie fertige Heilige in Menschengestalt, in sich ruhend, mit einem Schatz von

Weisheit, Ideen und Lebensregeln beladen, aus dem sie freigebig an ihr unwissendes Publikum austeilen.

Doch so ein klassischer Guru ist Kentenich nie gewesen. Er war fähig – und auch begierig –, von Mitarbeitern und Schülerinnen zu lernen. Schon 1919, als er dem entscheidenden Sodalentag von Höxter fernblieb, um den Versammelten eine selbständige Entscheidung zu erleichtern, schrieb er ihnen fast beschwörend: „Die ganze Bewegung ist nun einmal Ihr Werk und muss es bleiben. Ich kann und will Ihnen nur mit Rat und Tat zur Seite stehen." Und bei seinem Silbernen Priesterjubiläum 1935 bescheinigte er der Mitarbeiterschar, sie alle hätten einen „ungemein starken Einfluss" auf seine persönliche Entwicklung gehabt. Nein, das sage er nicht aus „taktischen" Gründen. „Suchen Sie einmal noch eine zweite Gemeinschaft in der Gegenwart, die so Geist vom Geist und Fleisch vom Fleisch der einzelnen Mitglieder ist wie die unsrige."

Natürlich hat er seine Leute inspiriert, angefeuert, begeistert, provoziert. Aber vor allem, wenn er Kurse und Versammlungen mit Kindern und Jugendlichen machte, saß er oft still in der Runde, mit einem ermunternden Blick, hörte neugierig zu und freute sich, wenn die jungen Menschen selbst Visionen formulierten, Ziele entwickelten, die konkreten Wege dazu erörterten. Für Predigten war später noch genug Zeit.

Durch „Lebensbeobachtung" lasse sich mehr lernen als durch Bücherstudium, dieser Grundsatz zieht sich durch alle seine Äußerungen. Damit meinte er kein oberflächliches Verfolgen von Modeströmungen, sondern das Lesen in den Seelen: Er habe sich immer bemüht, zu entziffern, „was in den einzelnen Seelen vor sich ging und in der Zeit vor sich ging". Was gewiss eine Menge Einfühlungsvermögen voraussetzt: „persönliche, urpersönliche Fühlung", die eine „wundersam öffnende und geöffnete seelische Nähe" zur Folge habe, ja im Idealfall eine „gegenseitige Lebensübertragung". Manche professionelle Psychotherapeuten mögen hier die Hände über dem Kopf zusammenschlagen; ohne die nötige Distanz, meinen sie, lasse sich dem Patienten nicht helfen. Pater Kentenich wusste es besser: ohne seelische Nähe keine Förderung von Entwicklungen und keine Heilung. Für ihn gab es keine Profi-Helfer und keine behandlungsbedürftigen Problemfälle. Für ihn gab es nur Geschwister vor Gott.

Das ist das Geheimnis seiner durch und durch menschlichen, warmherzigen, gewinnenden Religiosität, die keine Distanzierungen nötig hatte und dem Vater im Himmel wie den Menschen auf der Erde mit derselben stürmischen Liebe begegnete: Kentenich sah alle Menschen, ohne Unterschied, als Kinder des einen Vaters an und diese Welt als dessen Schöpfung – gewollt, beschützt und gehalten von einer grenzenlosen Güte.

Gern erzählte er das jesuanische Gleichnis von der Hausfrau, die eine Drachme – ein nicht besonders wertvolles Geldstück – verloren hat und das ganze Haus auf den Kopf stellt, um die kleine Drachme zu finden. „Ja, wäre es nicht wirtschaftlich wertvoller, sie ließe das und würde während dieser Zeit fleißig arbeiten und wirtschaften?" Gott benehme sich genauso unvernünftig. „Wieviel Interesse des Vatergottes am Einzelnen! Wer ist dieser Einzelne? Das bin ich. (...) Der heutige Mensch hält es nicht aus zu existieren, wenn er nicht gemocht wird, wenn er nicht Gegenstand der Liebe ist."

Er begeisterte sich für jene Passagen der Heiligen Schrift, die von den Emotionen Jesu erzählen, von seinen Tränen am Grab des Freundes Lazarus, von seinem liebevollen Umgang mit Petrus, als der ihn verleugnete, und von seinem Verständnis für den Zweifler Thomas: „Wahrhaftig, der Heiland hat ein echt menschliches Herz, das warm, zart und zärtlich empfindet und mit Überraschungen und Aufmerksamkeiten nicht spart."

Und dann zitierte er den Philosophen Sören Kierkegaard: „Vergiss vor allem nicht die Pflicht, dich selbst zu lieben. (...)" Demut sei etwas ganz anderes als ein Minderwertigkeitskomplex und müsse gekoppelt sein mit der Liebe, sonst mache sie die Seele krank. Immer wieder die Ermutigung, sich anzunehmen, nicht immer mit den eigenen Schwächen und Unvollkommenheiten zu hadern: „So wie ich geworden, so wie ich heute existiere, mit meiner originellen Art, so habe ich in den Plänen Gottes von Ewigkeit existiert." Oder drastischer ausgedrückt: Der Birnbaum könne nun mal kein Kirschbaum werden, wozu sich also grämen, dass man nicht ist wie dieses oder jenes beneidete Vorbild?

Brüche im Menschenleben sind für ihn keine bleibenden Katastrophen, sondern „Einbruchstellen der Gnade", weil Gott keinen Menschen aufgibt. Heilige, das betont er immer wieder, soll man nicht zu schon im Mutterleib vollendeten Idealgestalten verklären, sondern in ihren Kämpfen und Niederlagen zeichnen.

Ein spielerisches, lockeres Element hat diese Frömmigkeit; Kentenich spricht von einem „Wettlauf“ zwischen göttlicher Führung und menschlicher Bereitschaft, von einem „spannungsreichen heiligen Spiel“ zwischen dem Liebeswerben Gottes und der wagemutigen Antwort des Menschen. Auch im religiösen Leben gibt es nichts Schlimmeres als Zwang und Verkrampftheit: „Wenn wir einen psychologischen Zustand beseitigen wollen und zuviel reflexiv uns darauf konzentrieren, erreichen wir durchweg das Gegenteil.“

Manche sagen, er habe in den Seelen lesen können. Eine verzweifelte Frau kam per Zufall nach Schönstatt, mit ein paar Freundinnen, die hier zu einem Vortrag angemeldet worden waren. Frau A., nennen wir sie so, hatte beschlossen, Ehegatten und Familie zu verlassen und ein neues Leben mit einem anderen Mann zu beginnen. Mit der Kirche wollte sie auch brechen, aber der „Ausflug“ nach Schönstatt schien ein guter Vorwand, sich still davonzumachen und die Familie dann vor vollendete Tatsachen zu stellen.

Gleichzeitig mit Frau A. kam Pater Kentenich in Schönstatt an. Er stieg aus dem Auto, kam geradewegs auf die verdatterte Dame zu, fragte sie, woher sie komme, und sagte dann unvermittelt und mit großer Bestimmtheit: „Und von hier aus gehen Sie wieder *heim!*“

Da habe sich plötzlich ein Knoten in ihr gelöst und sie habe von einem Augenblick auf den andern gewusst, dass ihre Entscheidung falsch gewesen sei. Offenbar kämpften die Liebe zur Familie und die Leidenschaft für den anderen Mann miteinander, und Kentenich hatte diesen Konflikt gespürt. Mit seinem scheinbar autoritären Satz brachte er eine innere Blockade zum Einsturz und löste einen Prozess fruchtbaren Nachdenkens aus. Frau A. kehrte jedenfalls zu ihrer Familie zurück.

VI

DIE VISION:

Das Christentum als Seele einer neuen Weltkultur

"Liebe ist das große Weltgrundgesetz"

"Macht, dass ihr herauskommt!", rief er seinen Mitarbeitern auf einer Delegiertentagung zu, 1966, zwei Jahre vor seinem Tod. „Nachdem Ihr lange beieinander gesessen habt, nachdem Ihr Euch gegenseitig gefunden, ineinander und dadurch in Gott hineingewachsen seid: Heraus! Feuerbrand für die ganze Welt!"

Noch als alter Mann ließ er sich von der eigenen Begeisterung fortreißen und steckte andere damit an. Das kleine Schönstatt als Motor einer Bewegung, die den ganzen Erdkreis erfassen sollte, die demütigen Sturmtruppen der *Mater ter admirabilis* als Pioniere einer schöneren, menschenwürdigen Welt – diesen Traum ließ er sich nicht austreiben.

1944 schrieb Kentenich aus dem KZ Dachau an seine Mitarbeiter, als säße er nicht in einer elenden Häftlingsbaracke, sondern in der Schaltzentrale eines globalen Unternehmens: „Auch wir glauben – gestützt nicht auf irgendeine Vision, sondern auf unseren einfachen, hellsichtigen Vorsehungsglauben –, dass wir einmal eine Weltbedeutung erhalten." Man müsse alles beiseite räumen, was Gott daran hindern könne, die Schönstätter für seine Pläne zu benutzen, „die Enge unseres Denkens“ in erster Linie. „Darum weg mit allem Kleinkram!“

„Eine alte Welt ist am Verbrennen“

Wer damals als Todeskandidat ins KZ kam, weil er sich einem menschenverachtenden Gewaltregime verweigerte, hatte in der Regel mit seinem Leben abgeschlossen. Die wenigsten hofften noch auf ein Ende der Terrorherrschaft oder machten Pläne für eine bessere Welt danach. Ganz anders Kentenich. „Am Horizont zeigen sich – langsam deutlich erkennbar – die großen Strukturlinien einer neuen Weltordnung“, verkündete er wie ein Prophet aus seinem Gefängnis, „eine alte Welt ist am Verbrennen. (...)“

Und träumte von der neuen Welt, die Gott jetzt wohl unter Schmerzen und Konflikten ins Leben setze: „Es muss eine herrliche Welt sein, die er aus diesem gewaltigen Sterben entstehen lassen, es muss eine wunderbare Ordnung sein, die er aus den Katastrophen und Ruinen neu gestalten will“, freute er sich 1948, als der braune Spuk vorbei war. Er sah die Abgründe durchaus realistisch und mit Entsetzen, die sich da aufgetan hatten: Man befinde sich in einer apokalyptischen Zeit, in der das Böse in einzelnen Menschen massiv Gestalt angenommen habe. „Der Satan scheint aus der Hölle losgelassen zu sein und sein Reich des Hasses, der Ungerechtigkeit und Lüge hemmungslos auf Erden aus- und aufbauen zu dürfen.“

Aber das Schreckliche war eben nur die eine Seite. In der mörderischen Umwertung aller Werte bereitete sich eine neue Sehnsucht nach einer verlässlichen Ethik vor, in der Verfolgung und Vernichtung des Menschen ein neues Bewusstsein von seiner Würde. In der Katastrophe steckte auch eine Chance. „Ja, die ganze Welt will neu geformt werden", sinnierte Kentenich schon 1931 bei der ersten Pädagogischen Tagung in Schönstatt. „Die Würfel werden fallen in den nächsten Zeiten. Europa will sein neues Gesicht sehen."

Damals konnte er noch nichts vom Holocaust wissen, vom millionenfachen Mord an den Landsleuten Jesu, nichts von der atomaren Bedrohung und vom wahnwitzigen Rüstungswettlauf zwischen Supermächten. Heute sind vielfältige neue Gefährdungen des Lebens auf der Erde dazu gekommen: Jeden Tag, so bilanziert der Gießener Soziologe Reiner Gronemeyer, werden 50 000 Hektar Tropenwald vernichtet, sterben bis zu hundert Tier- und Pflanzenarten aus, nimmt das fruchtbare Ackerland auf der Welt um 20 000 Hektar ab. Und in den ärmsten Ländern der Welt verdient man gerade mal ein Siebenunddreißigstel vom Einkommen der reichsten Nationen; dieser Abstand hat sich in 40 Jahren verdoppelt.

Die Probleme haben sich vervielfacht; Kentenichs Antwort ist gültig geblieben: Die Einstellung zum Leben muss geheilt werden. „In einer sterbenden Welt soll wieder Leben entstehen", wie es sein Interpret Karl-Heinz Mengedodt auf den Punkt bringt. Motor, Kraftquelle und Inspiration für dieses neue Leben muss das

Christentum sein, das ist Kentenichs zentrale Idee, die all seine Gründungen bestimmt und dem Schönstattwerk bis heute eine vitale Frische verleiht.

„Weg mit diesem Pessimismus“, beschwor er seine Leute immer wieder, „mit dem Gedanken: es lässt sich keine vollendete erlöste menschliche Gesellschaft schaffen. Wir müssen eine Oase schaffen, und jeder kann es.“ Oasen, kleine Inseln, lebendige Zellen als Vorgriff auf die neue Welt. Als Werk von Menschen, „deren Blick sich zwar an Vergangenheit und Gegenwart geschult hat, die aber gleichzeitig in der Zukunft leben und ihre Aufgabe darin erblicken, das gestaltlose kommende Chaos zu einem neuen, christlichen Kosmos zu formen.“

Oder nein, nicht als Werk und Leistung von Menschen, sondern als Geschenk des Himmels. „Sie müssen die feste Überzeugung mit nach Hause nehmen“, das sagte er vielen Besuchern, „dass die Gottesmutter uns als Werkzeug benutzen will, um eine neue Welt zu schaffen, um die Kirche ans neueste Zeitenufer zu führen.“ Denn ihr, der Mutter, sei es zu verdanken, „dass wir trotz ständigen Versagens immer den Mut aufbrachten, von neuem die Hand auszustrecken nach den Sternen“.

Kentenich 1949: „Das Heute und das Morgen will nur als Übergang aufgefasst werden. Vorläufige Endstation der Weltgeschichte ist das Übermorgen. Hat der Zusammenbruch seinen höchsten Grad erreicht, haben sich alle Kräfte samt und sonders leergelaufen, so dürfte die Erkenntnis durchbrechen, dass nur das Christentum fähig ist, die Welt vor dem Abgrund zu retten, dass es allein die Pläne Gottes, seine Uridee vom Menschen richtig deuten und verwirklichen kann. In der Übergangszeit schauen wir voller Hoffnung auf das Idealbild, das sich übermorgen langsam zu verwirklichen anfängt. Gleichzeitig bemühen wir uns ehrlich um seine Verwirklichung. Es ist das Ideal des neuen Menschen in der neuen Gemeinschaft, wie es uns seit 1912 vor Augen schwebt, dem seither unsere ganze Liebe und Tatkraft gehört."

Das klingt manchmal arg abgehoben und abstrakt. Aber das Wörtchen, auf das es ankommt, ist der „neue Mensch". Kentenich organisiert und gründet und gliedert mit großem Geschick, doch um die Strukturen und Apparate geht es ihm immer nur am Rande. Neue Menschen will er schaffen, wach, einsatzbereit, missionarisch, leidenschaftlich gläubig – keine neuen Verbände, Vereine und Arbeitsgruppen, obwohl es ohne die nicht geht.

„Einen neuen Menschentyp wollen wir schaffen helfen", erklärte er 1935 bei seinem Silbernen Priesterjubiläum, mit einem bescheidenen Unterton, „wie die Kirche ihn braucht, um die schweren Erschütterungen innerlich zu überwinden – eine neuartige Familie, eine heiligmäßige Gemeinschaft. Unser Werk muss heiligmäßige Menschen aus uns schaffen. Wehe, wenn wir oberflächlich wären, wenn die Mitglieder der Familie anfingen, Gottesschwätzer und nicht Gottesträger zu sein. Wir müssen ringen um wirkliche Heiligkeit!"

„Geistbeseelt" und „idealgebunden" soll dieser neue Mensch sein, geprägt von einem hohen Verantwortungsbewusstsein für den anderen, freilich auch „bei aller Ehrfurcht vor fremder Überzeugung" durchaus auf eine klare Abgrenzung bedacht, auf ein unverwechselbares Profil, würde man heute sagen. Kentenich spricht in seiner manchmal altväterlichen Art von einem „geistigen Anti", von einem „anti-idealistischen", „antiprotestantischen", „anti-kollektivistischen", „anti-relativistischen" Menschen, womit aber keine feindliche Abwehrhaltung gemeint sei, sondern die mit Respekt und Wohlwollen gepaarte klare Haltung, der Verzicht auf „öde Gleichmacherei".

Mutig die äußeren Bastionen schleifen

Es ist eine glückliche Mischung, wenn sich ein hochfliegender Visionär den Blick für die kaum merklichen und vielfältig verschlungenen Veränderungsprozesse im konkreten Leben bewahrt. Kentenich hatte keine Schwierigkeiten, die großen Ziellinien bei Bedarf auf bescheidene, aber praktisch wirksame Strategien herunterzustutzen. Dann hieß der „Übergang zu einer neuen Welt" und der „Aufgang zu einem hellen, neuen Morgenrot" plötzlich ganz sachlich „Enteuropäisierung", „Entmachtung", „Entinstitutionalisierung".

Was hier einmal im christlichen Abendland verpflichtende, selbstverständlich akzeptierte christliche Weltanschauung gewesen sei, entwickle sich immer mehr zu einem Angebot neben anderen in einer pluralistischen, säkularisierten Gesellschaft. Kentenich: Aus „Nachwuchschristentum“ werde „Wahlchristentum“. Und nebenbei aus einer abendländisch geprägten, eurozentrischen Christenheit eine Weltkirche.

Solche Prozesse machen Pater Kentenich keine Angst, zumal Schönstatt auf die Auflösungstendenzen in der abendländischen Kultur schon früh mit der Betonung des organischen Lebens und der „Bindungs- und Bündnispädagogik“ eine angemessene Antwort gegeben habe. Bloß nicht sich nach den alten Sicherungen zurücksehnen und die Umbruchsprozesse verteufeln, in denen Kentenich viel lieber die „göttliche Pädagogik“ am Werk sieht: „Gott spricht durch den Geist der Zeit, der Teufel durch den Zeitgeist“, gibt er in feiner Unterscheidung zu bedenken. „Im ersten Fall ist das Gute, im zweiten das Böse gemeint, was in einer Zeit lebt, was sie durchbebt und was die öffentliche Meinung bestimmt.“

Von Haus aus ist er ja selber ein bedächtiger Konservativer, freilich ein neugieriger mit viel Lust am Gespräch und wenig Berührungsangst. Deshalb kann er die verschüchterten Christen schon verstehen, die in dem ganzen geistigen Durcheinander lieber erst mal „am alten Ufer“ stehen bleiben und abwarten wollen, bis ihre kühneren Glaubensgeschwister einen sicheren neuen Seeweg ausgekundschaftet haben. Aber so einfach dürfe man es sich eben nicht mehr machen: „Erste Etappe: Ablehnung der Neuerungen. Zweite Etappe: Lasst sie mal machen. Dritte Etappe: Wir haben das doch immer gesagt, dass es so gut, ja das einzig Richtige sei.“

Nein! „Wer eine spezielle Aufgabe darin erblickt, Gott zum Herrn der neuen Zeit und die Gottesmutter zu ihrer Herrin zu machen, ist darauf angewiesen, die Sicherungen kühnen Mutes zu verlassen und abzustreifen, die kirchliche Entscheidung und herrschendes kirchliches Brauchtum der Gegenwart jeweils aufgeprägt haben", verlangt der Schönstatt-Gründer 1956. Und präzisiert: „Beileibe stößt er nicht alles ab, was gestern und ehegestern in Geltung stand. Es gibt ja in jeder Zeit auch ein überzeitliches Element. Das nimmt er mit großer Ehrfurcht und Sorgsamkeit mit hinein in das Morgen und Übermorgen. Im übrigen aber tastet er sich kindlich-vorsehungsgläubig, wagemutig-kühn und schöpferisch-kraftvoll vor, um Gottes Plan für die neue Zeit zu erkunden, zu entdecken und zu verwirklichen."

Das erfordert den Mut, Bastionen zu schleifen – weil dann erst, wenn die äußeren Stützmauern gefallen sind, die „Urkräfte" des Christentums neu aufbrechen können. Und die Chance zu ergreifen, die darin liegt, wenn eine an Macht und Pracht gewöhnte, müde gewordene Kirche wie die deutsche ihre Privilegien und Sicherheiten verliert. Bisher sei diese Kirche durch christlich orientierte Parteipolitik geschützt gewesen, gab Kentenich 1961 – gegen Ende der Adenauer-Ära – zu bedenken. „Muss aber nicht der weise Stratege Vorsorge treffen, was zu geschehen hat und vorzubereiten ist, wenn die bisherigen Türme nicht mehr genügend Schutz und Sicherheit bieten?" In einer nicht ganz unproblematischen Bildersprache fährt er fort: „Müsste man nicht in heutiger Situation beides gleichzeitig tun: mit dem Schwert den christlichen Besitzstand in der Politik verteidigen, aber auch hintergründig mit der Kelle eine Kirche aufbauen, die aus eigengesetzlichen letzten Kräften schöpft und trinkt?“

63-jährig sprach er 1948 nach seiner an Überraschungen und Anregungen so reichen USA-Reise ungescheut die Gefahr der „Verkalkung“ an: „Hat der Mensch feste Formen angenommen, ist er älter geworden, schließt er sich gerne ab, (...) er jammert ewig nach den guten alten Zeiten (...). Er ist vergleichbar einer Wachsfigur, die keiner Entwicklung mehr fähig ist, die sich ewig gleich bleibt, aber nicht eine wachsende Figur darstellt, die auf alle Eindrücke bis zum Ende des Lebens eine gottgefällige Reaktion kennt.“ Statt dessen: Das Weltgeschehen – auch im außerchristlichen Raum – aufmerksam beobachten. Sich ein „jugendliches Gemüt“ bewahren. Den Kontakt mit den Sehnsüchten und Kräften der jungen Leute suchen.

„Ich bin Gottes Lieblingsbeschäftigung“

Und was wollen die Schönstätter dieser im rasanten Umbruch begriffenen Welt bringen, die ihre alten Sicherheiten verloren hat, die sich nach Sinn und Tiefe sehnt und nicht weiß, wo eine bleibende, nie enttäuschende Liebe zu finden ist? Sie wollen das „Gottesgerücht“ (Johann Baptist Metz) in der Welt wachhalten, die Antenne wieder auf Empfang stellen für jenen personalen, berührbaren, zärtlich und leidenschaftlich liebenden Gott, der viel mehr ist als irgend ein vage geahntes „höheres Wesen“. Als „gottergriffene Menschen“ (Kentenich) sollen die Schönstätter ihren Zeitgenossen eine Wirklichkeit bezeugen, die das Leben tragen, reich machen und ihm eine ewige Dimension geben kann.

Ein Gott, der nicht desinteressiert irgendwo über den Wolken thront, sondern im Leben jedes einzelnen Menschen unmittelbar anwesend ist. Ein Gott, der einen Plan für die Welt und jeden ihrer Bewohner hat. Was auf den ersten Blick naiv, blauäugig, allzu schlicht erscheinen mag, ist für Joseph Kentenich die zentrale Kraftquelle all seiner tollkühnen Hoffnungen: der „praktische Vorsehungsglaube".

„Alles, was existiert und geschieht in dieser Welt und im Leben der Menschen", wiederholt er hundertfach, „und wie es existiert und sich entwickelt, ist die Auswirkung und Verwirklichung eines ewigen göttlichen Planes." Das ist die Basis, der Nährboden, die Grundüberzeugung, die alles andere erst ermöglicht, das ist das „Schönstatt-Dogma" (Kentenich 1962 in einer internen Studie).

Und für viele Christen heute – keineswegs nur für notorische Atheisten oder glaubensferne Zweifler – die größte Barriere. „Ohne dass wir es recht gemerkt haben, ist unser Glaube krank und schwindsüchtig geworden", gibt Kentenich zu bedenken. Nicht wenige Christen hielten treu an allen Kirchenlehren fest, an der Gegenwart des Herrn in der Eucharistie, am Geheimnis der Menschwerdung. „Nicht der Gott der Heiligen Schrift und religiöser Bücher, nicht der Gott der Altäre, nicht der Gott in fernen Himmelshöhen und im nahen Herzensschrein ist für sie in Frage gestellt. Ihr Problem, schlechthin *das* Problem ist der Gott des Lebens, der Gott des *heutigen* Lebens: Es ist der Herr, der im Sturme der heutigen Zeit seelenvergnügt zu schlafen scheint (...)."

Sieht es nicht so aus, „als wäre der Herr der Welt aus seiner souveränen Ruhe und Griffsicherheit herabgesunken in Ohnmacht und Hilflosigkeit, als überließe er Schöpfung und Geschichte hilflos wie ein Wagenlenker, der die Zügel verloren hat, sich selbst oder der Willkür entarteter Menschen"? Denkt man nicht unwillkürlich: „Wenn ich der liebe Gott wäre, so etwas würde ich nie zulassen, nie dulden"? Scheint es nicht unerhört, „wie heute Gottes Hand auf der armen Menschheit lastet"? Lange vor dem New Yorker Terroranschlag 2001, Jahrzehnte vor der Tsunami-Sturmflut 2005 macht sich Pater Kentenich die Frage aller Verzweifelten zu eigen: „Ist das nicht ein armseliger Gott, der nicht den Willen und die Kraft hat, die Menschen zu führen?"

Es gehört Mut dazu, ungelöste Fragen stehen zu lassen und Gott den größeren Überblick zuzutrauen. Es gehört unerhört viel Mut dazu, hinter all den Katastrophen und Schmerzen und enttäuschten Hoffnungen einen Gott am Werk zu sehen, der ganz Liebe ist und „planmäßig", „schrittweise" seine Idee des besseren, der göttlichen Idee immer mehr gerecht werdenden Menschen verfolgt. Kentenich 1949 in einem ziemlich gewagten Bild: „Gott ist der meisterhafte Tennisspieler, der alle Bälle, von wem sie auch immer unmittelbar geworfen werden und wie ungeschickt es auch immer geschehen mag, aufzufangen und planmäßig zu dem von Ewigkeit vorgesehenen Ziele zu lenken versteht. (...)"

Dass sich die Idee Gottes vom Menschen nur schrittweise, in Stufen und Sprüngen entfaltet, muss den nachdenklichen Beobachter zum Verzweifeln bringen. Aber es geht wohl nicht anders; die Gründe liegen für Kentenich in der „originellen Seinsweise" des Menschen und in der „ungeheuren Lebensfülle, die die Menschenidee in sich birgt". Und zeigt nicht auch die Natur ähnliche Erscheinungen, deren Sinn sich erst im nachhinein erschließt, „wenn Sturm und Ungewitter die Pfahlwurzeln des Baumes stärker in das Erdreich hineinwachsen lassen, so dass sie künftig widerstands- und tragfähiger werden"?

Pater Kentenich bleibt dabei: Der gute, um jeden einzelnen Menschen, um jede Kleinigkeit besorgte Gott ist der zentrale Inhalt des Christentums – und das „Weltgrundgesetz" heißt Liebe. Nein, nicht Gerechtigkeit, wie viele Christen, vor allem viele Eltern meinen, die ihren Kindern den lieben Gott immer noch als den „großen Wauwau" (Kentenich) präsentieren! Christen, die eine „hündische Furcht" vor Gott haben und ihre Lebensaufgabe darin sehen, „den ganzen Tag Regeln zu halten". Was für ein erbarmungswürdig verkehrtes Gottesbild! „Da steht er oben, der gerechte Gott; jetzt hat er mich wieder und kann mich peitschen, so viel er will."

Leider, meint Kentenich, ist diese Furcht vor dem Leistung und Wohlverhalten einfordernden „göttlichen

Despoten“ eine Berufskrankheit der Ordensleute. „Die haben es erst recht schwer mit unserem Herrgott. Da ist er nicht zufrieden mit den gewöhnlichen Gesetzen, da hat er noch eine ganze Welt von kleinen und kleinsten Gesetzen ersonnen, und wehe, wenn sie es nicht fertigbringen, wehe, was mit ihnen noch werden wird! Und wenn sie ihm hier entschlüpfen, in der Ewigkeit kriegt er sie doch, im Fegfeuer oder in der Hölle.“

Nein, „Weltgrundgesetz“ muss die Liebe sein und nicht die Furcht. Gern zitiert er den Propheten Jesaja, der bereits ein sehr mütterliches Gottesbild zeichnet: „Kann denn eine Frau ihr Kindlein vergessen, eine Mutter ihren leiblichen Sohn? Und selbst wenn sie ihn vergessen würde: ich vergesse dich nicht. Sieh her: Ich habe dich eingezeichnet in meine Hände ...“ (Jes 19, 15 f)

Wie könne man da abgeklärt behaupten, ach, der liebe Gott habe bestimmt keine Zeit, sich um alltägliche Kleinigkeiten zu kümmern? Im Gegenteil, genau das sei der „Kern der Frohbotschaft Christi“: „Gott ist ein guter Vater aller Menschen, der sich mit größter Liebe um ein jedes seiner Kinder und um jede Kleinigkeit in dessen Leben kümmert und alles ordnet und lenkt, wie es am besten ist für ein jedes.“

Das waren damals ganz neue Töne in der hart und misstrauisch gewordenen Verkündigung. 1933 kam nach so einem Kurs ein greiser Priester zu Kentenich, der über das „Weltgrundgesetz Liebe“ gesprochen hatte, und warnte seinen Mitbruder: „Wunderschön, eine ganz neue Welt! Aber sagen Sie so etwas beileibe nicht auf der Kanzel! Wenn Sie das von der Kanzel sagen, dann meint jedermann, Sie wären von Sexualismus erfüllt. Denn Liebe heißt für uns weiter nichts als sexuelles Zeug. Davon müssen wir frei werden."

Der übliche Glaube an die allgemeine Vorsehung hat dem von Liebe sprühenden, glühenden, berstenden Joseph Kentenich nie genügt. Gott, der Gott der Bibel und der Christen, sei doch mehr als eine Idee, „ein großes, unbekanntes, meinetwegen gütiges und wohlwollendes Es", er sei ein „lebendiges und verlebendigendes persönliches Du", das uns beim Namen rufe, an jedem einzelnen Menschen „ein besonderes, ein warmes, individuelles Interesse" habe.

Wäre Gott sonst im Menschen Jesus in Betlehem einer von uns geworden, berührbar, verwundbar? „Um uns Menschen zu überzeugen und zu zeigen, dass er (...) trotz seines liebenden Umfassens alles dessen, was er geschaffen, eine tiefe und warme Zuneigung für jeden einzelnen hat und sich für jede kleine und kleinste Kleinigkeit persönlich interessiert, hat er seinen eingeborenen Sohn die menschliche Natur mit allen edlen menschlichen Neigungen und Leidenschaften annehmen lassen. (...) Gottes persönliches Interesse an uns hat vor allem zwei Eigenschaften: Es ist unendlich zart oder zärtlich und unendlich aufmerksam; das will heißen: Der Vater hat uns in seinem Sohn gleichsam einen Spiegel geschenkt, aus dem uns seine unendlich zärtliche und aufmerksame Vaterliebe entgegenstrahlt und verständlich wird. (...)"

Ganz biblisch ist dieser Vorsehungsglaube, ganz an der Botschaft Jesu vom Vater im Himmel orientiert, ohne dessen Wissen und Willen nicht einmal ein Härchen von einem Menschenkopf fällt: „Verkauft man nicht zwei Spatzen für ein paar Pfennig? Und doch fällt keiner von ihnen zur Erde ohne den Willen eures Vaters." (Mt 10, 29)

Dein Lebensplan, ruft Kentenich jedem Menschen zu, der ihn hören will, dein Lebensplan ist ein Liebesplan! „Es ist nicht so, als ob Gott schlafen würde. Es ist vielmehr so, als wären Gott und ich ganz allein auf der Welt, mit einer solchen Sorgfalt hält er die Fäden meines Lebens fest. Ich die Lieblingsbeschäftigung Gottes, und Gott meine persönliche Lieblingsbeschäftigung!" Seine Hand allein könne unmittelbar die tiefsten Tiefen jeder Seele berühren. Und sein Handeln sei erahnbar in den Regungen und Lebensprozessen jeder Menschenseele.

Glaube verlangt den „Todessprung"

Der vertrauensvolle Vorsehungsglaube, wie er in Schönstatt blüht, ist keine private Angelegenheit zwischen Gott und Mensch. Was mit einer sehr intimen, glühenden Religiosität beginnt, führt zur Wachsamkeit für die „Sakramentalität des Augenblicks", wie die schon zitierte Madeleine Delbrêl gesagt hätte – in jeder banalen Alltagssituation, jedem menschlichen Kontakt begegnen wir dem Anruf Gottes – und zum Engagement. Kentenich: „Wo der Vorsehungsglaube in Fleisch und Blut übergegangen, wo er gleichsam zur zweiten

Natur geworden ist, sieht er sich überall – auch bei den geringfügigsten Gelegenheiten – von kleinen Gottesboten und -botschaften umgeben.“

Es ist ein schlichter, aber nicht anspruchsloser Glaube, der auch das Dunkel kennt, nüchtern, tapfer, wagemutig, misstrauisch gegenüber vermeintlichen außerordentlichen Begnadungen und Wundern: „Der schlichte Vorsehungsglaube ließ uns allezeit und überall den Gott des Lebens sehen und suchen und lieben und ihm eine Antwort durch das Leben geben: eine schlichte, klare, kraftvolle Antwort durch gottgefällige Meisterung des Alltags in Übung solider Tugenden (...).“

Ein Glaube, der sich davon nicht irritieren lässt, dass Gott sich gern verbirgt: Wo Gott in der Welt handelt, seine Pläne verwirklicht und Menschen begleitet, „tut er es für gewöhnlich mit dicht verschleiertem Antlitz. Er arbeitet (...) für gewöhnlich nach Art eines Naturgesetzes: Er tut es lautlos, ja, fast unsichtbar und unhörbar und doch mit einer unheimlichen Präzision (...).“

Es lässt tief blicken, dass Pater Kentenich die kleine heilige Thérèse von Lisieux benutzt, um zu illustrieren, was er mit diesem tapferen, risikobereiten Glauben an die Liebe eines oft so erbarmungslos schweigenden Gottes meint. Hinter der kitschigen Fassade der „Rosenheiligen“ verbirgt sich ja ein oft schrecklich depressiver Mensch mit Ängsten und Zweifeln. Thérèse hat die Abgründe moderner Gottesfinsternis gekannt, am Ende hatte sie die Freude an Gott verloren, aber in einer trotzigen Liebe wollte sie nicht von ihm lassen.

„Sehen Sie dort unten das schwarze Loch, wo man nichts mehr unterscheiden kann?“, fragte sie eine Besucherin und zeigte auf eine finstere Stelle unter den Kastanienbäumen im Klostergarten. „In einem solchen Loch bin ich mit Seele und Leib. Oh ja, was für eine Finsternis!“ Im Karmel von Lisieux wusste kaum jemand, dass die immer so bezaubernd lächelnde Mitschwester von entsetzlichen Glaubenszweifeln gequält wurde. Der Himmel verschließe sich ihr mehr und mehr, stellte sie fest. „Ich glaube nicht an das ewige Leben, es scheint mir, dass es nach diesem sterblichen Leben nichts mehr gibt.“

Und doch sehnte sie sich nach Jesu ewig bergenden Armen und bewahrte sich die brennende Neugier, was sie denn nun wirklich nach dem Tod erwarte: „Was mich zur himmlischen Heimat zieht“, schrieb sie einem befreundeten Missionar nach China, „ist der Ruf des Herrn, ist die Hoffnung, ihn endlich zu lieben, wie ich es so sehr gewünscht hatte. (...)“ Und einem anderen geistlichen Freund sicherte sie zu: „Wenn aber Jesus meine Ahnungen verwirklicht, verspreche ich Ihnen, dort oben Ihre kleine Schwester zu bleiben.“ Wenige Stunden, bevor sie starb, stellte sie feierlich fest, als diktiere sie ihr Testament: „Ich bereue nicht, mich der Liebe ausgeliefert zu haben. (...) Oh nein, ich bereue es nicht, im Gegenteil!“

Von dieser Art ist der Vorsehungsglaube, der nach Kentenichs fester Überzeugung dem Christentum die Zukunft rettet. Ein riskanter Glaube, der immer ein Wagnis darstellt und keine Garantien kennt: „Wo Vorsehungsgläubigkeit wirksam ist, da geht – menschlich gesprochen – die Rechnung nie auf", sagte er 1962 in einem Vortrag. „Sehen Sie, Vorsehungsgläubigkeit setzt immer Dunkelheit voraus. (...) Vorsehungsgläubigkeit verlangt immer Todessprünge: Todessprünge für den Verstand, weil die Rechnung nie aufgeht. Ich kann immer ein Für und Wider nennen. Todessprünge für den Willen, dieweilen der Verstand keine reflexive, irdische, menschliche Sicherheit hat."

„Nüchtern und ausgesprochen warm zugleich", so urteilt der Schönstatt-Pater Günther M. Boll, sei der hier praktizierte Typ von Glauben. 1919, ganz am Anfang seiner Arbeit, erhielt Kentenich einen etwas abstrusen Brief aus Schwaben: Eine mit Visionen und Ekstasen begnadete Person habe in ihrem Entrückungszustand erklärt, die *Mater ter admirabilis* von Schönstatt werde dem Satan furchtbare Verluste zufügen. Pater Joseph hätte das Schreiben in bestimmten Kreisen triumphierend herumzeigen können. Aber er legte es kopfschüttelnd beiseite und bemerkte lediglich, für das Planen und Handeln in Schönstatt genügten die „bewährten Fundamente des einfachen, schlichten Glaubensgeistes".

Solch nüchterne Beschränkung auf das Natürliche, Gewöhnliche verband sich mit einer innigen, stark emotionalen Frömmigkeit. Das marianische Liebesbündnis der Schönstätter, so der Kentenich-Forscher Herbert King, erscheine „in einer geradezu ärgerniserregenden Weise konkret, sichtbar, ‚zum Anfassen', farbig-bunt, welthaft, sinnenhaft, menschlich, personal, symbolisch, ereignishaft, gemeinschaftlich, naiv, so dass vor allem solche, die Gott mehr geistig sehen, leicht das große Grausen davor bekommen."

Das „Liebesbündnis" beinhalte „eine Art geistige Persönlichkeitsübereignung", überwinde die Entpersönlichung des Massenmenschen, bringe Person mit Person in „innigste persönliche Liebeseinheit". Pater Kentenich selbst umschrieb dieses Bündnis als „Liebe von Person zu Person". Und erinnerte immer wieder an die Formel, die in Schönstatt die Beziehung zwischen der Gottesmutter und ihren treuen Verehrern bezeichnet: „Nichts ohne dich – nichts ohne uns"!

Und schon sind wir wieder bei der Madonna.

Bankersprache am Heiligtum – und die Poesie eines Verliebten

Die Schönstätter binden sich in einer unüberbietbaren Weise an ihre himmlische Mutter, weil sie in ihr weit mehr als die starke Schützerin und das Modell des gläubigen Menschen erblicken: Schönstatt sieht in Maria Gottes menschliche Seite. Es ist nicht anders als in einer ganz normalen Familie: Wer sich der Mutter anvertraut, kommt automatisch in engen Kontakt zum Sohn. Deshalb „verkaufen" und „verschreiben" sich die Schönstätter Maria wie die Ritter des Mittelalters ihrer Herrin, deshalb versprechen sie ihr, die Welt an der Seite Christi wie ein „lebendiges Marienbild" durchziehen zu wollen, was bedeutet: „klarer Kopf, warmes Herz, frohes Gemüt, fester Wille.“ (Kentenich)

„Es ist doch so“, sinnierte er mitten in einem Kurs, „unsere Liebe zur Gottesmutter ist so warm, wir brauchen bloß irgendein Marienlied zu hören, da wird alles wach. Es ist so, als ob alles in der Seele klingen und singen würde, sobald der Name Maria erklingt.“ Gefühlvolle Nostalgie? Weit gefehlt. Die Bindung an Maria korrigiert sanft, aber nachhaltig die „Fehlformen einer vermännlichten Kirche“, wie es der Schönstattpriester Karl-Heinz Mengedodt formuliert. Einer Kirche, „die einseitig den Akzent legt auf das Amtliche, Rechtliche, Organisatorische, und die Dimensionen von Zärtlichkeit, Vitalität, Tiefe, Innerlichkeit, Hingabe vernachlässigt.“

Die überaus starke marianische Prägung hat das Schönstattwerk bekanntlich aber auch in einen ernsten Konflikt mit der Kirchenführung gebracht. Denn in seiner überschwänglichen Begeisterung für die himmlische Herrin ließ Joseph Kentenich – so hieß es in der Bischofskonferenz – seiner sprachlichen Fantasie die Zügel schießen. Die schwärmerische Poesie eines Troubadours verschmolz er mit verwegenen theologischen Wortschöpfungen und jenen originellen Stilblüten, die seine Bewunderer entzückten – und die vom strengen römischen Lehramt bestellten Gutachter zur Verzweiflung trieben.

Der Gottesmutter (und durch ihre Hände natürlich Gott) eine „Blankovollmacht“ ausstellen, das ist so eine typische Schönstätter „Sonderidee“, wie er selbst die umstrittenen Sprachbilder nannte. Im Geschäftsleben sei das gang und gäbe: „Ich setze meinen Namen unter einen nichtausgefüllten Scheck. Derjenige, dem ich den Scheck gebe, kann als Betrag einsetzen, was er will, ich stehe dafür ein. Das heißt für uns, wir sagen der Gottesmutter: Von vornherein kannst du mit uns machen, was du willst, freilich immer in Abhängigkeit vom lieben Gott. (...) Wir wissen zwar nicht, was alles kommt, aber von vornherein sagen wir ein herzhaftes Ja."

Was auf den ersten Blick wie eine merkwürdige Vermengung von Praktiken aus dem Bankbereich und seelischen Vorgängen aussieht, bekommt plötzlich einen tiefen Sinn, wenn Pater Joseph erläutert, er habe klar machen wollen, was „Ganzhingabe" bedeute. „Etwas Dauerndes! Sind Sie damit einverstanden? Wer einen derartigen Dauerakt setzt, überlegt wahrhaftig gut, was er sagt. Wissen wir nicht, wie unser armes Herz morgen oder übermorgen wieder nach einer anderen Seite ausschlägt?"

Ein weiterer strittiger Punkt war der zwischen Schönstatt, Gott und Maria geschlossene „Vertrag". Man könne den Himmel doch nicht auf irgendwelche rechtsverbindlichen Abmachungen mit einem kleinen rheinischen Heiligtum festlegen, hielt der von der Deutschen Bischofskonferenz mit der theologischen Überprüfung beauftragte Oberhirte entgegen. Kentenich konnte ihn beruhigen: Selbstverständlich handle es sich nicht um einen juristischen Vertrag, sondern um einen „freien gegenseitigen Wahl- und Verschenkungsakt", um ein „Liebesbündnis". Was nun wieder ein Begriff in bester biblischer Tradition ist: der Bund zwischen Gott und den Menschen, dessen Zeichen der Regenbogen darstellt.

Und dann das in den Augen vieler nicht sehr glücklich gewählte Wort „Gnadenkapital“, wieder eine Anleihe aus der Bankersprache am heiligen Ort: „Bringt mir fleißig Beiträge zum Gnadenkapital“, lässt Kentenich schon 1914 die Schönstätter Muttergottes sprechen. Aber auch in diesem sonderbaren Begriff versteckt sich eine gute alte katholische Tradition: die Vorstellung, dass man die Frucht der „guten Werke“ verschenken kann. Nicht anders macht es ein kranker Mensch, der Gott vertrauensvoll bittet, seine Gebete und Leiden für die Kirche, für verzweifelte Einsame, für den Frieden der Welt anzunehmen und fruchtbar zu machen. Und nun soll eben die Gottesmutter all den Glauben und die Liebe ihrer Schönstätter Gemeinde aufnehmen und so verwenden, wie Gott es für richtig hält.

Natürlich ist es nicht ungefährlich, so zu reden. Missverständnisse waren vorprogrammiert, Übertreibungen bei unkritischen Kentenich-Anhängern vorauszusehen. Die Versuchung war groß, menschliche Leistungen und göttliche Hilfe gegeneinander aufzurechnen, mit Gott ins Geschäft zu kommen. Wer Maria ein „Gnadenkapital“ anbietet, mag sich bald etwas auf seine Großzügigkeit einbilden. Das „göttliche Sendungs- und Werkzeugsbewusstsein“ (Kentenich) der Schönstätter klang arg nach geistlichem Stolz und Selbstgerechtigkeit. Durfte man das Gnadenwirken Gottes so selbstsicher an einen Ort (Schönstatt) binden?

„Im Schatten des Heiligtums", so Kentenich 1929 vor Studentenführern, „werden sich die Schicksale der Kirche in den nächsten Jahren entscheiden. Ein ernstes Wort, ein bedeutsames Wort. Fast wahnsinnig klingt es. Und doch, ich wiederhole und steigere: Im Schatten des Heiligtums werden sich in den nächsten Jahrhunderten in Deutschland, ja darüber hinaus die Schicksale der Kirche wesentlich entscheiden." Schönstatt als Nabel der Welt? Schönstatt von ähnlicher Bedeutung wie Fatima, der kleine Flecken in Portugal, dem die Erscheinungen der Gottesmutter 1917 „Weltbedeutung" verliehen?

Es konnte nicht ausbleiben, monierten seine Kritiker, dass dem ausufernd predigenden, Visionen und Ideen munter hervorsprudelnden Pater Joseph auch einmal schiefe Begriffe und theologisch fragwürdige Bilder herausrutschten – wie die forsche Parole *In nomine Domini et Dominae,* „im Namen des Herrn und der Herrin", die aus dem Jesus Christus und seiner irdischen Mutter ein einträchtig regierendes Paar macht wie auf den Reliefs in ägyptischen Pharaonengräbern. Doch als er das sagte, war Kentenich zum Gestapo-Verhör bestellt und entsprechend aufgeregt; es war sein letzter Vortrag vor der Inhaftierung im September 1941.

Es klang auch nicht besonders gut, wenn er Maria des öfteren – in einer ihm sonst ganz fremden Juristensprache, aber mit einer vom berühmten Dogmatiker Matthias Josef Scheeben († 1888) übernommenen Formel – die „amtliche Dauergefährtin und Dauergehilfin Christi bei seinem gesamten Erlösungswerk" nannte, oder wenn er in den gefühlsüberladenen, endlos langen Dachauer Versepen Sätze wie diese schrieb:

> „Lass uns in heiliger Dreieinheit stehn
> und so im Heil´gen Geist zum Vater gehn."

Die „heilige Dreieinheit" umfasst hier Jesus Christus, Maria und den einzelnen Christen als Spiegel der ganz von Liebe erfülten Dreifaltigkeit. Für den nicht eingeweihten Leser musste es freilich so klingen, als schmuggle Kentenich hier listig die Gottesmutter in die göttliche Trinität hinein.

Aber wer will verlangen, dass ein begeisterter Poet und Mystiker wie Pater Kentenich immer theologisch druckreif und dogmatisch korrekt hätte formulieren sollen? Genies in ihrer Besessenheit von einer Sache sind zwangsläufig einseitig, Visionäre übertreiben immer und Liebende sowieso. Und könnten wir Kentenich so herzlich mögen, wenn er gar keine Schwächen und Unvollkommenheiten hätte?

Er hat auch – etwas verwundert und nicht ganz überzeugt, aber bereitwillig – zurückgesteckt, als der erste Apostolische Visitator 1951 den Verzicht auf bestimmte Redeweisen verlangte (und dafür stillschweigend den Inhalt der „Sonderideen" als konform mit der Tradition anerkannte). 1964, bei der zweiten Visitation, wurde diese Auflage fallen gelassen.

Maria, Gottes „konkretes Du“

Hinter all den Bildern und Begriffen steht Kentenichs „organisches“ Denken und seine Vorstellung von einem lebendigen, pulsierenden Geflecht liebevoller Beziehungen zwischen Gott und den Menschen, zwischen Gottvater und Christus, Maria und den Heiligen. In der Welt Gottes gehört alles zusammen, antwortet alles einander in Liebe und Aufmerksamkeit. Der Pfarrer und Liedtexter Wilhelm Willms spürt dem Hintersinn jener Sprache in seinem Kentenich-Musical *wagnis und liebe* nach:

„kentenich nimmt
die welt beim wort
und verwandelt die sprache
blankoscheck
und kapital
es ist nicht egal
für wen der blankoscheck
und was für ein kapital
(...)
ich geb dir
meinen blankoscheck
aus freien stücken
schreib du
mir vor
mein leben
dann wird
mein leben
glücken
(...)

das kapital
sich-
verschenkendes
verschenken
bringt zinsen
(...)
im sich-verzehren
vermehren
vor-
rat
liebes-
gnadenspeicher
in einem traum
erschaut
und dann
für andere
erbaut (...)“

Ego diligentes me diligo, lässt Pater Kentenich die Gottesmutter in den Schönstätter “Gründungsurkunden” sprechen: “Ich liebe die, welche mich lieben.” Präziser ausgedrückt, wieder nach dem Text der Gründungsurkunde: „Beweist mir erst, dass ihr mich wirklich liebt (...). Dann werde ich mich gerne unter euch niederlassen.“ Kentenichs Sprache ist nicht ganz unproblematisch, aber um einen Versuch, mit juristischen Formeln Zwang auf die Gottesmutter auszuüben, handelt es sich wirklich nicht.

Eher um eine stürmische Liebeserklärung und die atemlose Hoffnung, die Adressatin dieser mächtig großen Liebe werde gar nicht anders können, als sie zu erwidern. Wie es eben zwischen Menschen so zugeht. Warum sollte es zwischen der Erde und dem Himmel anders sein? Gott selbst, der an Weihnachten ein schwaches Menschenkind werden wollte, hat uns dazu ermuntert, die Herzen weit zu öffnen und alles zu erhoffen in einer verrückten Zuversicht.

Ein so unverdächtiger Zeuge wie der nüchterne, allem mystischen Überschwang abholde Theologe Karl Rahner hat darauf hingewiesen, dass Maria zwar eindeutig „auf die Seite der bloßen Kreaturen und der Erlösten" gehöre, in radikaler Unterscheidung zu Jesus Christus, dass sie aber „in einmalig reiner Fülle und Vollendung" Empfängerin des Heiles sei und dessen Mittlerin als „Typ der Kirche (...), so wie diese Christus empfangend und vermittelnd ihm gegenübersteht und mit ihm verbunden ist".

So gesehen, sei die Weihe an Maria der Versuch, die Fleisch gewordene Liebe Gottes auf unüberbietbar konkrete Weise anzunehmen. Rahner: „In einer solchen Weihe findet die Annahme der menschlichen Vermittlung zur Unmittelbarkeit Gottes aus der abstrakten Ideologie heraus, wird in der Kirche als Heilsmedium konkret; in solcher Weihe findet der Mensch, der das endliche Du sucht, weil darin das unendliche Du nahe ist, ein konkretes Du, ein seine Endgültigkeit in allen Dimensionen gefunden habendes Du."

VII
DIE PRÜFUNG:

Wie man die Hölle von Dachau zum Himmel macht

„Wir müssen das Sterben üben“

Die fürsorglichen Schwestern im Kloster Engers wunderten sich über ihren neuen Hausgeistlichen. Sie hätten sich gern um den liebenswürdigen Pater Joseph gekümmert, der ihnen als schwer krank und schonungsbedürftig geschildert worden war und in dem abgeschiedenen Kloster zur Ruhe kommen sollte. Aber der Kranke funktionierte sein Zimmerchen schnell in eine Art Kommandozentrale um, er telefonierte, empfing Mitarbeiter, veranstaltete Konferenzen, plante, organisierte, gründete, reiste, war überall und nirgends.

In den Jahren nach dem Ersten Weltkrieg muss Kentenich Hunderte von Vorträgen, Schulungskursen und Exerzitien gehalten haben. Seine Themen: der Weltfrieden und die „Werktagsheiligkeit“, die Sendung der Laien innerhalb der Kirche und die Probleme priesterlicher Existenz, die Behandlung sexueller Probleme in der Pädagogik und die soziale Frage, die liturgische Erneuerung und die Spiritualität des Jesuitengründers Ignatius von Loyola. Als er nach Schönstatt zurückkehrte, war der Andrang kaum mehr zu bewältigen. 1927/28 wurde ein *Bundesheim* gebaut, das wie die Zentrale eines Weltkonzerns aussieht und dennoch bald aus allen Nähten platzte.

Wurden noch 1929 bei den Tagungen und Exerzitien 542 Teilnehmer aus dem Klerus gezählt, waren es 1930 schon 1147 und zwei Jahre später 2184; oft saßen in einem einzigen Kurs mehr als hundert Priester zu Kentenichs Füßen (man kann es getrost so sagen). Irgend jemand hat eine Statistik aufgestellt, wonach in den dreißiger Jahren des 20. Jahrhunderts jeder dritte deutsche Priester einmal bei Pater Kentenich gewesen ist.

Auf jeden Fall war er damals bekannter als jeder Bischof und Kardinal. Zu seinen Schülern gehörten die späteren Oberhirten von München-Freising, Fulda, Münster und Köln, Wendel, Bolte, Tenhumberg und Höffner. Mit Kolping-Generalpräses Theodor Hürth und dem charismatischen Generalsekretär des Jungmännerverbandes Ludwig Wolker stand er in engem Kontakt. Bei der Einweihung des *Bundesheims* 1928 hatte die Bewegung sozusagen auch den Segen und die Anerkennung der deutschen Kirchenführung bekommen, „eine Weihe, die vom Episkopat ausgeht“, wie der Trierer Bischof Bornewasser damals sagte.

Gründungen wie am Fließband

Und jetzt folgte Gründung auf Gründung: nach der *Apostolischen Liga* und den *Schönstätter Marienschwestern* der *Schönstatt-Priesterbund*, die *Priesterliga*, der *Priesterverband* für Diözesanpriester, die sich lose an Schönstatt anschließen wollten, die *Schönstatt-Mädchenjugend,* Zusammenschlüsse von verheirateten Frauen und Männern, von Schülern und Kranken. Die Osnabrücker Lehrerin Maria Laufenberg, von den Nazis in ein Dorf mitten im ungesunden Moor strafversetzt, baute die Gemeinschaft der Schönstätter Studentinnen mit auf. Ihre Kollegin Lotte Holubars stand 1938 an der Wiege der *Frauen von Schönstatt,* die einzeln in der „Welt“ leben, aber eine religiöse Gemeinschaft bilden wollten; 1944 starb sie im KZ Ravensbrück.

Nach etlichen Jahrzehnten waren es exakt 26 Gemeinschaften, die er gegründet und inspiriert hat. Der Kentenich-Schüler Rudolf Ammann deutet diese merkwürdige Zersplitterung positiv: „Kentenich ging davon aus, dass wir Menschen sehr unterschiedlich veranlagt sind; die einen brauchen dichte Gemeinschaft, um ‚aufzublühen’ – die Verbände -, die anderen lockere Gemeinschaftsbindungen wie eine Liga oder einen Bund. Die einen bringen ihre Stärke am besten zum Tragen in einer Gemeinschaft von Familien, die anderen in Männer- oder Frauengruppen; die einen sind Jugendliche, andere Priester, wieder andere Behinderte, alle mit eigenen Ansprechbarkeiten, Lebensthemen, Fragestellungen, Fähigkeiten und Grenzen.“

Und dann habe er kein langfristiges Gesamtkonzept gehabt, sondern jene Gemeinschaften gegründet, für die sich Leute in seiner Umgebung konkret interessiert und gefunden hätten. Dies deutete Kentenich in seinem unerschütterlichen Vorsehungsglauben als „Einladung Gottes, mit diesen Leuten aktiv zu werden“ (Ammann).

„Der Herrgott", so Pater Kentenich, „hat unsere Familie aus dem Gesicht der modernen Zeit geschnitten, und wir haben sie schneiden lassen und uns bemüht, alle seine Wünsche zu erfüllen."

Und er wusste natürlich: Das kleine Schönstatt mit seiner „Mammut-Idee" braucht die Hilfe himmlischer Mächte. Kentenich in einem Brief: „Man mag hier dasselbe empfinden, was fromme Pilger in Rom und Palästina an geweihter Stätte empfunden haben: die Nähe einer überirdischen Macht und die Größe der menschlichen Schwäche und Sündhaftigkeit."

1924 der Sprung ins Ausland, mit der ersten Reise in die Schweiz. In der Tschechoslowakei gab es bereits einige Schönstattkreise. Bald darauf bat Bischof Hennemann aus dem südafrikanischen Oudtshoorn, ein guter Freund Kentenichs aus dem Pallottinerorden, um Marienschwestern; dazu schien es Kentenich aber noch zu früh, die Gemeinschaft war ja erst im Aufbau. Nach 1933 allerdings, als die Nazis die Macht in Deutschland übernommen hatten und reihenweise Ordenshäuser schlossen, schickte er gern Schwesterngruppen nach Südafrika, Brasilien, Argentinien, Chile und Uruguay, damit die Bewegung dort überleben konnte, wenn die Kirchenverfolgung in Deutschland noch härter würde. Die Schwestern arbeiteten auf Missionsstationen und in der Seelsorge für die Auslandsdeutschen, betreuten Schulen und Kindergärten.

Bischof Hennemann hatte dem Schönstattwerk auch bereits die wohlwollende Aufmerksamkeit der obersten Kirchenführung gesichert. Er informierte Papst Pius XI. 1922 in einer Audienz über Kentenichs Aktivitäten und beeindruckte ihn offenbar so, dass der Papst einen handschriftlichen Segensgruß nach Schönstatt sandte. Als Kentenich zwei Jahre später sein Werk zum ersten Mal detailliert einem deutschen Bischof präsentierte – der Paderborner Oberhirte Klein hatte um Unterrichtung gebeten –, bemerkte er listig wie nebenbei, der Papst habe der Bewegung seit seinem Amtsantritt bereits dreimal seinen Segen gegeben.

25 Jahre nach jener folgenreichen kleinen Rede vor der Schülergruppe im Schönstätter Marienkapellchen hielt Pater Kentenich am 18. Oktober 1939 einen ebenso dankbaren wie hoffnungsvollen Rückblick, der als „Zweite Gründungsurkunde“ des Schönstattwerks gilt. Darin bezeichnete er dieses Werk als Geschenk von „Gottes Weisheit, Güte und Allmacht“ und sang ein Loblied auf Maria: „Ihr verdanken wir ein feines Organ für Reinheit und Unberührtheit, den Sinn für Entfaltung edler schöpferischer Väterlichkeit oder Mütterlichkeit und den Drang nach hochlodernder Gottes- und Seelenliebe. Sie ist es, die uns den monumentalen Bau unseres aszetischen und pädagogischen Systems geschenkt, das sich in feiner Weise der gottgewollten Eigenart des Individuums und der Gemeinschaft anpasst. Sie ließ uns das persönliche und das Gemeinschaftsideal finden. (...) Sie war darauf bedacht, dass wir trotz ständigen Versagens immer den Mut aufbrachten, von neuem die Hand auszustrecken nach den Sternen.“

„Hitler kann man nicht taufen“

In den Ohren der braunen Herrenmenschen musste so eine scheinbar harmlose Dankeshymne – vorgetragen sechs Wochen nach dem Überfall auf Polen, der den Zweiten Weltkrieg einleitete – wie eine freche Kampfansage klingen: Wer von der „gottgewollten Eigenart des Individuums“ und einem „persönlichen Ideal“ zu reden wagte, verweigerte sich der Gleichschaltung des Denkens und Gewissens und dem gnadenloses Dogma „Du bist nichts, dein Volk ist alles“. Unverschämt genug, neben dem neuen Messias Adolf Hitler einen „Führer“ im Himmel zu verehren und den „jüdischen“ Zehn Geboten Treue zu schwören.

Ein besonders politisch interessierter Mensch ist Joseph Kentenich nie gewesen; als junger Priester hatte er sich 1917 in seinen Exerzitienvorsätzen vorgenommen „Jeden Tag ½ Stunde Politik“ – aber nur, um bei den einschlägigen Diskussionen mitreden zu können. Man meint ihn förmlich seufzen zu hören, als er diesen Vorsatz niederschrieb.

Aber anders als viele bestens informierte Pfarrerkollegen, die auf Hitlers fromme Phrasen hereinfielen und die Anfänge des braunen Terrors als notwendiges Übel zur Abwehr des Bolschewismus verharmlosten, anders als Professoren und kluge Leitartikler wusste Joseph Kentenich von Anfang an, was von den Nazis zu erwarten war: das Ende aller bürgerlichen Freiheiten in Deutschland und ein erbarmungsloser Kirchenkampf – es sei denn, die Kirche würde sich gleichschalten lassen und eine ungestörte Kultausübung mit dem Verzicht auf ihr prophetisches Wort erkaufen.

1934 sinnierte der Münsteraner Bischof Clemens August Graf von Galen, ein erzkonservativer Aristokrat und später ein mutiger Prediger gegen Rechtsunsicherheit und Euthanasie, im Gespräch mit Kentenich, ob es denn nicht Möglichkeiten gebe, Hitler und seine Bewegung zu „taufen". Das versuchten damals ja einige wache christliche Vordenker, etwa die Jesuiten Alfred Delp in München oder Friedrich Muckermann in Münster. Welche Sehnsüchte trieben die Menschen in die Arme der braunen Rattenfänger? War es möglich, aus dem dumpfen Gemenge von Angst und Gewaltphantasien, Minderwertigkeitsgefühlen und Rassenhass idealistische Träume und ernsthafte Bedürfnisse herauszufiltern, zu reinigen, weiterzuführen?

Kentenich antwortete illusionslos, er sehe an Hitler keine Stelle, wo das Taufwasser auftreffen könne. Später charakterisierte er Hitler einmal als „durch und durch irrational eingestellt, ganz im Gegensatz zu Goebbels. Deswegen seine Empfänglichkeit für teuflischen Einfluss und seine Beeinflussbarkeit durch jeweilige Umgebung." Das Menschenbild der Nazis musste ihm als Musterbeispiel jener Vermassung und Entpersönlichung erscheinen, gegen die er mit Leidenschaft kämpfte. Doch noch schlimmer als die Weltanschauung der neuen Machthaber fand er ihre dumpfe Brutalität. Nach dem Vorbild der KZs hätten sie die ganze Welt leiten wollen.

Den Behörden und Parteizentralen entging nicht, dass da ein merkwürdig mystisch angehauchter Ordensmann unbeirrt vom „Reich Gottes“ und vom alleinigen Erlöser Jesus Christus predigte und seine Anhänger unter Marienbannern marschieren ließ, statt die allgemeine Begeisterung für das „Dritte Reich“ zu teilen und der Hakenkreuzfahne zu huldigen. Schon im September 1935 meldete die Trierer Gestapo aufgeregt an die Berliner Zentrale, im Rheinland errichteten die Schönstätter vielerorts Kapellen, möglicherweise um die Errichtung neugermanischer „Thingstätten“ zu sabotieren.

Im selben Monat widmete das Sicherheitshauptamt des Sicherheitsdienstes der SS (Leiter: Reinhard Heydrich) in einem Geheimbericht über das katholische Verbandswesen dem Schönstattwerk einen ausführlichen Steckbrief. Die Partei zeigte sich alarmiert darüber, dass die Schönstätter in Konkurrenz zum Nationalsozialismus ebenfalls eine Erneuerung Deutschlands anstrebten, dass sie Elitekader für die *Katholische Aktion* ausbildeten und dass sie eine eigene Heldenverehrung (nämlich die der im Ersten Weltkrieg gefallenen Mitglieder) inszenierten. Kentenich hatte 1934 die Gebeine zweier enger Mitarbeiter aus Frankreich nach Schönstatt überführen und hier auf einem kleinen Ehrenfriedhof beisetzen lassen; später sollten hier auch zwei Märtyrer aus der Nazi-Zeit, Franz Reinisch und Albert Eise, ihre letzte Ruhe finden.

Ein Geheimbericht, den die Fuldaer Gestapo 1939 an das mittlerweile den gesamten Polizeistaat Deutschland kontrollierende Reichssicherheitshauptamt in Berlin schickte, schildert Schönstatt als perfekt durchorganisiertes Konkurrenzunternehmen zum Nationalsozialismus: „Mit ihrer organisatorischen Freiheit und Elastizität sowie der weitgehendsten Anpassungsfähigkeit an die jeweiligen äußeren Verhältnisse will die Schönstattbewegung das Wesen der alten katholischen Ordensidee verwirklichen, ohne die bisherige Ordens*form*", stellen die Gestapo-Spitzel treffsicher fest. „Ohne Bindung in Gelübden soll Ordensgeist lebendig werden. Damit zeigt sich Schönstatt keineswegs als Organisation, Verband oder Verein, sondern im ureigensten Sinne als Bewegung, genauer als *aszetische* Erziehungsbewegung, die den geschichtlichen und dogmatischen *Totalitätsanspruch* des Christentums mit höchstem Einsatz zu verwirklichen sucht."

Das theoretische Urteil wird mit zahlreichen praktischen Beobachtungen untermauert: Ein von der *Nationalsozialistischen Volkswohlfahrt* 1934 eingerichteter Kindergarten habe schließen müssen, weil die Schönstätter Marienschwestern einen eigenen Kindergarten eröffnet und großen Zulauf erfahren hätten. In viele Familien, „in denen der Mann treu zur NSDAP steht", hätten die Schwestern „Zwietracht und Unfrieden" getragen. Parteiveranstaltungen würden von den katholischen Frauen und Mädchen boykottiert, auf der Straße grüßten die Kinder wieder mit *Grüß Gott!* statt *Heil Hitler!*

Natürlich saßen die Spitzel auch unter Kentenichs Predigthörern und Kursteilnehmern. Der Schönstatt-Gründer war zwar klug genug, immer vom russischen Bolschewismus zu sprechen, wenn er die staatlich organisierte Lüge, die Auflösung der Rechtsordnung, die auf Blut, Rasse und Selbsterlösung gegründete „Scheinreligion", die „Versklavung des religiösen Triebes der menschlichen Natur" und den aggressiven Fanatismus auch bei Frauen geißelte – aber jeder wusste, dass er damit die braunen Machthaber im eigenen Land meinte.

Und Kentenich war ein viel zu gerader, impulsiver Mensch, um nicht bisweilen alle Tarnung fahren zu lassen und sich mit eindeutigen Aussagen um Kopf und Kragen zu reden. In einem Exerzitienkurs für Priester über den „erlösten Menschen" fragte er 1936 erregt: „Wie sieht der neue Heide aus?", und gab die Antwort: „Es ist der germanische Humanist mit ausgeprägten bolschewistischen Zügen und leicht erkennbaren Aushöhlungstendenzen." Dass das Christentum bisher zu wenig „dem Arier die Giftzähne gebrochen" habe, liege freilich auch daran, dass sich die Katholiken so gern einseitig in die von den neuheidnischen Humanisten abgelehnte „Übernatur" flüchteten, statt die von Gott gewollte Harmonie von Natur und Gnade, Menschlichem und Göttlichem vorzuleben.

„Ich will mich nicht drücken"

Joseph Kentenich wusste, was auf ihn und das Werk zukam. Er reiste noch schnell durch ganz Deutschland, um seinen Leuten überall Mut zuzusprechen und sie zu ermuntern, notfalls im Untergrund weiterzuarbeiten: Man müsse jetzt alle Kräfte auf die Erneuerung und „Rechristianisierung" der Familien konzentrieren, damit die Kirche dort „überwintern“ könne. Das Werk trug jetzt nicht mehr den provozierenden Namen *Apostolische Bewegung,* sondern hieß einigermaßen harmlos *Marianische Gebets- und Opfergemeinschaft.* Weil er mit Hausdurchsuchungen rechnete, hatte Kentenich wichtige Akten und Briefe bereits 1935 teils verbrennen lassen, teils an geheimgehaltenen Orten, über Deutschland verstreut, in Sicherheit gebracht.

Im Februar 1936 war es soweit: Die Gestapo durchwühlte die Schönstätter Zentrale und beschlagnahmte verschiedene Schriftstücke. 1937 gab es eine Verwarnung wegen eines Artikels in der Zeitschrift *Königin der Apostel.* 1938 verhörte die Gestapo die Leitung des Krankenapostolats und verbot dessen Werkbrief. 1939 mussten die Pallottiner das Schönstätter Studienheim schließen, wo eine nationalsozialistische Lehrerbildungsanstalt einzog. 1940 verhaftete man Pater Josef Fischer, den Verantwortlichen für die Wallfahrten, und einen von Kentenichs engsten Mitarbeitern aus der Gründungszeit, 1941 Pater Albert Eise, der viele Studentinnen- und Familiengruppen aufgebaut hatte.

Am 14. September 1941 verhörten zwei Gestapo-Leute erstmals auch Pater Kentenich und forderten ihn auf, am nächsten Tag zu einem weiteren Verhör nach Koblenz zu kommen. Merkwürdigerweise ließen sie sich auf seine Bitte ein, das Verhör ein paar Tage zu verschieben: Er habe einen Exerzitienkurs für Priester zu halten und die meisten Teilnehmer seien schon eingetroffen. Wollte man größeres Aufsehen vermeiden? War die Gestapo sicher, dass ihr Opfer nicht ausreißen würde? Tatsächlich hatte Kentenich Wochen vorher die Ratschläge befreundeter Priester, in die Schweiz zu fliehen, kategorisch abgelehnt.

Dass er nach dem Koblenzer Verhör nicht mehr nach Schönstatt zurückkehren würde, war ihm freilich klar. Am Vorabend leitete er seinen Vortrag vor den erschrockenen Exerzitienteilnehmern mit den Worten ein: „Ich singe jetzt mein Schwanenlied, das letzte Lied, das ich zum Lob der Gottesmutter singe." Über der kommenden Zeit solle das Wort *Mater ter admirabilis* stehen. „Die Gottesmutter, die große Mithelferin, hat der Seele nach mithängen dürfen am Kreuze. (...) Auch ich will mithelfen, will mich vor nichts drücken. (...) Wir müssen das Sterben üben dadurch, dass wir Disziplin halten. Wir haben nicht viel Zeit zum Disputieren. Heute heißt es handeln. (...)"

Am 20. September 1941 feierte Pater Kentenich noch vor Tagesanbruch die Eucharistie, räumte sein Zimmer auf, zog seine älteste Soutane an, verabschiedete sich von den engsten Mitarbeitern und ging allein zu Fuß sieben Kilometer nach Koblenz. Kurz vor acht erschien er dort im Büro der Gestapo. Man ließ ihn erst einmal bis 13 Uhr warten, um ihn zu zermürben. Dann konfrontierte man ihn mit gefährlichen Aussagen aus seinen Vorträgen: „Wir halten fest an unserem Kreuz, mögen die anderen an ihrem Kreuz festhalten." – „Meine Lebensaufgabe besteht darin, den Nationalsozialismus auszuhöhlen."

Kentenich, ruhig und souverän auftretend, versuchte nicht, sich herauszureden. Nur die Beschuldigung, ein Verräter an Volk und Vaterland zu sein, wies er entschieden zurück: Die Partei, die gerade an der Macht sei, sei nicht das deutsche Volk! Was damals allerdings schon Hochverrat bedeutete. Man führte ihn in eine ungeheizte, schlecht belüftete Dunkelzelle im Keller des Gebäudes, das früher eine Filiale der Reichsbank gewesen war; die Kellerräume aus Beton hatten als Sicherheitstresore gedient. „Jetzt kann ich endlich mal Ferien machen", erklärte der Gefangene mit Galgenhumor – und verlangte ein zweites Verhör.

Auch diesmal taten ihm die irgendwie von seinem Charisma gefesselten, vielleicht auch von seiner Verwegenheit beeindruckten Gestapo-Gewaltigen seinen Willen; beim Verhör am folgenden Tag wehrte er sich gegen ein ihm vorgehaltenes Zitat, das könne er so nicht gesagt haben. Und wanderte wieder in seine Zelle, die er die nächsten vier Wochen nicht verlassen sollte.

Kentenich ist nicht verprügelt und gefoltert worden wie andere Gestapo-Opfer. Eine Tortur war die ununterbrochene Dunkelhaft in dem stickigem Kellerverließ allemal; manche seiner Mithäftlinge mussten schon nach wenigen Tagen mit einem Nervenzusammenbruch wieder nach oben geholt werden. Wenn aus den Nachbarzellen das Schreien und Toben der Verzweifelten zu hören war, half er sich (und vielleicht auch seinen Mithäftlingen), indem er laut zu singen begann, „und zwar alle Lieder, die ich kannte. Es tat mir leid, dass ich von vielen nur ein paar Strophen wusste."

Nach vier Wochen stieg Joseph Kentenich „wie ein Sieger“, so der damalige Koblenzer Gefängnispfarrer, aus dem Gestapo-Bunker ans Tageslicht und wurde in das nahe gelegene Untersuchungsgefängnis verlegt, das früher ein Karmelitenkloster gewesen war. Als Klosterzelle verstand er auch seinen Haftraum und die Inhaftierung als Einladung, die wahre Freiheit zu erwerben. Eine Einladung, die allen Schönstättern galt. Kentenich in einem Brief an Weihnachten 1941: „Ich sitze nicht meinetwegen oder einer Ungeschicklichkeit wegen, sondern der Familie (...) wegen. Darum ist die Familie mit mir und in mir gefangen. Wie ich, so müssen darum auch Sie die Gefangenschaft ausnützen wie ein persönliches Los und Schicksal (...).“

„Das Wertvollste, was der Mensch hat“, fuhr er fort, „ist seine Freiheit. Mit aufrichtiger, glühender Liebe opfere ich diese Freiheit, damit der liebe Gott der Familie für alle Zeiten den von mir so heiß ersehnten Geist der Freiheit der Kinder Gottes überreich schenkt.“

Loslassen, leer werden von eigenen Plänen und Luftschlössern und sich ganz Gott überlassen – das muss auch ein Priester im fortgeschrittenen Alter immer wieder neu lernen. Im Januar 1942 legte Kentenich in einem zuerst an Christus und dann an die Gottesmutter gerichteten Gebet sein Schicksal vertrauensvoll ganz in Gottes Hände. Wenn er ihm sein Schönstattwerk ganz wegnehmen wolle, um „ein anderes Werkzeug zu erwählen“ – einverstanden, wenn das Werk nur am Leben bleibe.

„Willst du meine Arbeit: Adsum! [„Ich bin bereit."]
Willst du das langsame Verbluten aller geistigen Kräfte: Adsum!
Willst du meinen Tod: Adsum!
Aber sorge dafür, dass alle, die du mir gegeben, den Heiland lieben, für ihn leben und sterben lernen."

Und gab es nicht Hoffnungslichter, kleine Zeichen der Nähe Gottes und der Verbundenheit mit der „Familie“? In der Nachbarzelle saß Pater Eise, mit dem er sich durch eine Art Morsealphabet verständigte und mit dem er auch leise sang. Zwei menschlich gesinnte Wärter – einer davon Protestant – ermöglichten das Hereinschmuggeln von Nachrichten und das Herausschmuggeln von Briefen, Anweisungen, Meditationen. Ein so produktiver Schreiber wie Kentenich kritzelte natürlich bald jeden erreichbaren Zettel voll, Zeitungsblätter, die von den Häftlingen geklebten Tüten, mit einem stumpfen Bleistift und in möglichst kleiner Schrift. Auf diese Weise erhielten die Marienschwestern wenige Monate nach seinem Haftantritt eine profunde Studie über die Liebe zu Christus übermittelt.

Sie revanchierten sich mit Hostien, Messwein, einem kleinen Kelch; der freundliche evangelische Wärter brachte alles unter großer Gefahr in Kentenichs Zelle, wo es hinter Büchern versteckt wurde. So konnte er täglich die Messe feiern, unter abenteuerlichen Bedingungen und ständiger Bedrohung, entdeckt zu werden: „Morgens in aller Frühe zelebrierte ich, und zwar im größten Rummel, wenn die Zellen gereinigt wurden. Da war ein großes Gebrüll im ganzen Haus. Die Türen wurden aufgeschlossen, die Wachtmeister kamen in die Zellen. Die Schlüssel rasselten, Zellentüren flogen auf, die Eimer wurden fortgeschafft, Betten gemacht, Zellen geputzt. Während die anderen herumliefen, zelebrierte ich. Die Gefäße stellte ich ganz offen hin. Wenn die Kontrolle kam, legte ich schnell alles weg.“

Dass er nicht erwischt wurde, erscheint wie ein Wunder. Der Gestapo entging auch, was zwei pfiffige Marienschwestern herausgefunden hatten: Wenn man auf den Turm der Klosterkirche stieg, deren Inneres noch als Gottesdienstraum diente, konnte man durch eine Luke dem guten Pater Kentenich in seiner Zelle zuwinken. Später wagte man sich sogar durch leise Rufe zu verständigen.

KZ-Häftling Nummer 29 392

Kentenich hatte sich fast schon häuslich eingerichtet in seiner Koblenzer Haft, da gab es am 16. Januar 1942 – nach einem neuen, in schärferem Ton abgelaufenen Gestapo-Verhör – eine ärztliche Untersuchung, deren Ergebnis einem Todesurteil gleichkam: „Lagerfähig!" Das hieß, die Gestapo hatte genug von der stoischen Ruhe dieses Gefangenen, aus dem keine Geständnisse, keine belastenden Aussagen über andere „Volksfeinde" herauszubekommen waren: Ab ins KZ!

Der Arzt beschränkte sich auf eine oberflächliche Diagnose, um den gewünschten Schein ausstellen zu können, Herz und Lunge des Häftlings interessierten ihn nicht. Hier hakten die aufgeschreckten Schönstätter ein. Über einflussreiche Freunde erreichten sie, dass sich der Arzt zu einer zweiten Untersuchung bereit erklärte, bei der Kentenichs Lungenerkrankungen berücksichtigt werden sollten.

Doch Kentenich lehnt es ab, den erforderlichen Antrag zu stellen. „Nehmen Sie es bitte nicht übel, dass ich die gesponnenen Fäden nicht weiterspinne“, schreibt er an seine „Familie“ nach Schönstatt. Stunde um Stunde hat er mit sich gerungen, eine ganze Nacht lang ist er in seiner Zelle auf und ab gewandert wie ein Tier im Käfig. „Das Durchkämpfen zu diesem Entschluss ist mir nicht leicht geworden; denn nach Dachau gehen hieß in den sicheren Tod gehen, und von der ganzen Familie mich trennen.“ Muss es nicht undankbar erscheinen, die angebotene Hilfe zurückzuweisen? „Und nun kommt Besuch auf Besuch ans Turmfenster und macht mir den Entschluss schwer“, notiert er. „Nun kommen auch noch Briefe ... Sie zermartern ... Ich kann aber nicht anders.“

Die Entscheidung, die er schließlich trifft, zeigt den ganzen sturen, unerschütterlich gläubigen, gegen alle Wahrscheinlichkeit an einer verwegenen Hoffnung festhaltenden Kentenich: Seine Freiheit, sein Leben will er keiner menschlichen Hilfsaktion verdanken, sondern allein Gottes Güte beziehungsweise der Hingabe der Schönstätter an Gott. Und die Schönstattfamilie soll lernen, sich nicht auf ihren Gründer, sondern auf Gott zu verlassen.

Schon wieder geschieht etwas Verrücktes: Kentenich erlebt seine bewusste Entscheidung für das KZ, also für den ziemlich wahrscheinlichen Tod, als Befreiung. Weil er nur von Gott gerettet werden will, wird das auch geschehen, da ist er sich plötzlich ganz sicher. Wenige Tage nach dem Entschluss, auf die zweite ärztliche Un-

tersuchung zu verzichten, schreibt er eine triumphierende Dankeshymne nieder, 14 lange Strophen, als säße er nicht in seiner Gefängniszelle, sondern längst wieder daheim in Schönstatt:

„Die Fesseln sind gefallen!
Lasst jubelnd aufwärts schallen
aus Schönstatts heil´gen Hallen
ein Dankeslied von allen.
Auf schwerer Pilgerreise
hat Gott sich groß und weise
zu seinem Ruhm und Preise
erwiesen unserm Kreise.
Was Satans Macht und Tücke
ersann an Missgeschicke,
das wandten Vaterblicke
zu unserm höchsten Glücke."

Doch noch ist es nicht soweit. Am 11. März 1942 wird Kentenich mit 177 Mitgefangenen auf die Reise nach Dachau geschickt. Bei den Zwischenaufenthalten in Frankfurt am Main und Würzburg lassen sich die Bewacher Demütigungen für die verhassten Pfaffen einfallen; man fesselt sie jeweils zu zweit mit Handschellen aneinander und stellt sie auf dem Bahnsteig zur Schau. Zwei Tage später die Ankunft im Konzentrationslager mit dem üblichen Empfangsspektakel: brüllende SS-Kommandos, bellende Wachhunde, höhnische Begrüßungsreden, Schläge, Ohrfeigen, Tritte. „Ihr habt aufgehört, Menschen zu sein", verkündet der Lagerkommandant den Neuankömmlingen, „ihr seid jetzt nur noch Nummern!" Und: „Hier ist das Leben ein Dreck! Wer Brot stiehlt, wird erschlagen." Kentenich – er erhält die Lagernummer 29 392 – muss sich nackt ausziehen, unter die Dusche stellen, kahl scheren lassen. Er bekommt die Häftlingskleidung aus grobem Drillich und ein Paar Holzpantinen zugeworfen. Dazwischen

Gebrüll, Beleidigungen, Spott. „Bist du ein Jude?“ fragt ihn ein SS-Mann vor der Totalrasur, als er noch seinen langen Bart trägt.

Ein SS-Scharführer will ihn verprügeln, weil Kentenich auf das Geschrei und sämtliche Fragen immer nur lächelt; dann lässt er die Hand, unsicher geworden, wieder sinken. Am nächsten Tag trifft er den Priester wieder, brüllt ihn an: „Der Missionar da kann mir mein Rad putzen!“ Kentenich erwidert ernst: „Ja, das kann ich tun, aber nicht, weil ich muss, sondern um Ihnen als freier Mann einen Dienst zu erweisen.“ Und dann, seelenruhig: „Warum haben Sie mich gestern so fürchterlich angeschrieen?“

Der SS-Gewaltige ist so perplex, dass er den Häftling 29 392 auf sein Zimmer mitnimmt und ihm seine ganze Lebensgeschichte erzählt. Er sei katholisch erzogen, sein Onkel gehöre dem Domkapitel einer bayerischen Bischofsstadt an. Bald gewinnt Kentenich auch Vertrauen und Respekt des Blockältesten im Zugangsblock, Hugo Guttmann, eines Kommunisten. Der hat den Neuangekommenen in einer Mischung aus Mitleid und Zynismus gesagt: „Euren Herrgott könnt ihr daheim lassen, hier im Lager gibt´s keinen Gott. Mir ist er jedenfalls noch nie begegnet.“ Als Pater Kentenich bei dieser Ansprache lächelnd den Kopf schüttelte, rief ihn Guttmann an: „Dir vielleicht?“ Darauf Kentenich schlagfertig: „Wenn Ihnen hier der Herrgott noch nicht begegnet ist, dann aber sicher der Teufel!“

Guttmann, ein ehrlicher, hilfsbereiter, aber auch jähzorniger Mensch, unterhielt sich im Priesterblock gern über philosophische Fragen. Von Kentenichs souveräner Ruhe war er ebenso angetan wie von der Selbstverständlichkeit, mit der er seine karge Brotration mit kranken Mithäftlingen teilte. „Heutzutage bringt die Gestapo nichts Gescheites mehr an Menschen ins Lager“, beschwerte sich der Kommunist damals, der den politischen Widerstandskämpfern der ersten KZ-Jahre nachtrauerte. „Allerdings sind bei den letzten Zugängen Ausnahmen, ein Carls und ein Kentenich.“ Hans Carls war Caritasdirektor in Wuppertal gewesen und gemeinsam mit Kentenich nach Dachau gebracht worden.

Dachau: das erste Konzentrationslager Deutschlands, unmittelbar nach der Machtübernahme durch die Nazis eröffnet, schauerliches Vorbild für sämtliche Vernichtungslager des Dritten Reiches, eine perfekte Todesmaschinerie, Endstation für viele unbeugsame Geistliche. Unter den mehr als 200 000 Gefangenen aus 40 Ländern waren exakt 2 579 katholische Priester, untergebracht in zwei speziellen Baracken, dem sogenannten „Priesterblock“.

In Dachau verlernten die Hitler-Schergen die letzten Regungen von Menschlichkeit, nicht umsonst war die berüchtigte SS-Junkerschule dem Lager eingegliedert. Häftlinge, die während der Nacht gestorben waren, mussten am Morgen mit zum Appellplatz geschleppt werden, wurden mitgezählt und erst danach in die Totenkammer geschafft. Im großen Krematorium fielen zeitweise so viele Leichen an, dass die vier Öfen streikten; die Gebeine wurden halb verkohlt herausgenommen, eilig zur Knochenmühle gebracht, und was dort übrig blieb, verkaufte man den Bauern des Dachauer Landes als preiswertes Düngemittel.

Die Priester wurden in Dachau am ärgsten schikaniert: Am Karfreitag 1940 spielten die SS-Wachmannschaften mit 60 von ihnen „Kreuzigung". Sie fesselten ihnen die Hände auf den Rücken und zogen sie mit Ketten an Bäumen hoch – gerade so weit, dass ihre Fersen knapp über dem Boden schwebten. Eine Stunde lang wurden die 60 Priester so hängen gelassen. Einige starben später an den Folgen der Tortur, viele behielten verkrüppelte Hände. Ein andermal ließ ein SS-Mann „alle Saupfaffen", wie er sich ausdrückte, unter einen Tisch kriechen und unzählige Male aufstehen und niederknien, den schweren Tisch auf den Köpfen balancierend. Danach befahl er den vor Erschöpfung Zitternden, auf die Spinde hinaufzuspringen und dort oben im Chor *O Haupt voll Blut und Wunden* zu singen.

Ein Stück Menschenwürde in der Hölle

Im März 1942, als Kentenich in Dachau eintrifft, sind in dem für 5 000 Häftlinge gebauten Lager mehr als 12 000 Menschen zusammengepfercht, Juden, politische Gefangene, Zeugen Jehovas, Homosexuelle, Landstreicher, „Zigeuner", strafentlassene Schwerverbrecher. Im „Priesterblock" sind allein 1 700 Geistliche aus Polen inhaftiert.

Zwei Briefe pro Monat dürfen die Gefangenen nach Hause schicken. In seiner ersten Nachricht schreibt Pater Joseph: „Wie es mir geht? Paulus würde antworten: ‚Alles kann ich in dem, der mich stärkt.' Es geht mir also gut. Und sonst? Im übrigen bin ich geistig ständig bei den Meinen und hoffe, ihnen noch mehr dienen zu können als bisher." Denn das Saatkorn müsse nach einem Wort Jesu erst in die Erde gesenkt werden und untergehen, bis es Frucht bringe.

Mitten in der von Menschen erfundenen Hölle bemüht sich Kentenich, seine Würde zu behalten: „Wir Priester", schwört er sich, „wollen in primitivsten Verhältnissen nicht primitiv (...) reagieren." Als ihn ein elsässischer Mitbruder verzweifelt fragt, ob man aus diesem „Schlamassel" wohl je wieder herauskomme, antwortet Kentenich mit einem tröstenden Lächeln: „Das ist doch gar nicht die Frage! Die eigentliche Frage ist, ob wir hier den Willen Gottes tun oder nicht." Und schon hat er wieder einen Freund gewonnen.

Er bettelt nicht devot um Gnade, reagiert mit ruhigem Ernst auf Beleidigungen und Attacken, auch wenn er damit riskiert, zusammengeschlagen oder umgebracht zu werden. Einmal nimmt der angetrunkene Lagerkommandant, Obersturmbannführer von Redwitz, beim Zählappell den Priesterblock aufs Korn und fragt Pater Kentenich höhnisch, ob er wohl „Geistlicher Rat" sei (ein von Bischöfen verliehener Ehrentitel). „Nein", erwidert Kentenich mit seinem nicht zu zügelnden Wortwitz, „ich bin kein Geistlicher Rat, aber ich gebe schon mal einen geistlichen Rat." Redwitz fühlt sich gefoppt, er brüllt voller Wut zurück: „Was, du willst mir, dem Lagerführer, einen geistlichen Rat geben, du Strolch du? Aufhängen lasse ich dich! Aufhängen! Aufhängen!"

Am nächsten Tag muss sich Kentenich beim Lagerkommandanten melden. Der schläft zum Glück gerade seinen Rausch aus und murmelt mit schwerer Zunge: „Soll machen, dass er fortkommt!"

„Wieviel Sorgen Tag und Nacht", wird Kentenich später im Rückblick notieren. „Und doch: Unsere größte Sorge war die, sorglos zu sein in grenzenlosem Vertrauen auf die väterliche Sorge Gottes. Dachau ist für uns nicht zu einer Hölle, sondern zu einem Himmel geworden (...)." Ein naiver Optimist, der die Augen vor dem Grauen ringsum verschließt, ist er freilich nie gewesen. Er baute gute Verbindungen im Lager auf, die bis in die Schreibbüros reichten, und in mehreren Fällen gelang es ihm, Mithäftlinge kurz vor dem Transport in die Gaskammer wieder von der Liste streichen zu lassen. Als er das einmal trotz aller Anstrengungen nicht schaffte, brach er in bittere Tränen aus.

Furchtbar war es für ihn, das elende Sterben seines Mitbruders Albert Eise mitzuerleben, der schon im Ersten Weltkrieg eine Schönstatt-Gruppe an der Front geleitet hatte und 44-jährig nach Dachau gebracht worden war. Als im Sommer 1942 die Essensrationen für die Häftlinge drastisch verringert wurden und im Gefolge der Hungersnot und der Hitze auch noch eine Ruhrepidemie ausbrach, starben die Gefangenen wie die Fliegen. Halb verhungert und völlig entkräftet passierte auch

Pater Eise im Krankenrevier ein, wo damals vor allem verrohte Kriminelle Dienst taten, die nach ihrer Entlassung aus dem Zuchthaus sofort wieder in „Schutzhaft“ genommen worden waren.

Medikamente und Essen bekam man von diesen gefürchteten Pflegern nur, wenn sie gut gelaunt waren. Einer von ihnen schleifte Pater Eise, der vom Fieber geschüttelt wurde und so schwach war, dass er nicht einmal die Mücken von seinem Gesicht verscheuchen konnte, in den Duschraum und spritzte ihn mit eiskaltem Wasser ab. Trotzdem lebte der Priester noch zwei Wochen, „hilfloser als ein kleines Kind, völlig apathisch, (...) ein Bild zum Erbarmen“, wie ein Freund später zu Protokoll gab.

Als Pater Eise endlich tot war, im September 1942, bekam seine Familie die Blechurne mit der Asche nur unter der Bedingung, dass die Beisetzung im engsten Familienkreis, ohne Priester und ohne Feier stattfinden musste. Märtyrer wollte sich das Regime nicht leisten.

Und doch konnte der Kentenich-Biograph Engelbert Monnerjahn schreiben, Kentenichs Aktivitäten in Dachau seien „ein Beispiel, wie Seelsorge in einer total säkularisierten Umgebung aussehen und vor sich gehen kann“. Das übliche Gerüst von Gottesdiensten, Beichtangeboten, Predigten, Bibelkursen war im KZ, wo jede religiöse Betätigung streng verboten war, natürlich nicht möglich. Kentenich machte es ganz anders: Er war einfach da, so gut er konnte. Er ließ sich ansprechen und suchte selbst das Gespräch. Unaufdringlich, aber mit warmem Interesse und unstillbarer Neugier verwickelte er seine Mithäftlinge in tiefgründige Unterhaltungen.

Berührungsängste kannte er dabei nicht. Ein inhaftierter Redakteur namens Lüder Winters, der zur äußersten linken Fraktion der Sozialdemokratie gehörte und immer sehr abfällig über die „Pfaffen" geredet hatte, war nun fast jeden Abend in angeregter Diskussion mit Pater Kentenich zu sehen, mit dem er die Lagerstraße auf und ab wanderte. Auch ein Kommunist aus dem württembergischen Ludwigsburg, Willy Bader, der die Häftlingsnummer 9 trug und schon seit 1933 im KZ saß, hatte an dem freundlichen Priester offensichtlich einen Narren gefressen – und Kentenich an ihm: Jeden Abend habe sich dieser edle Mensch gefragt, ob er einem Kameraden Unrecht getan habe!

Die „Schönstatt-Internationale": „Unser Herz gehört allen Nationen"

Besonders verpflichtet fühlte sich der Schönstatt-Gründer naturgemäß seinen Mitgeistlichen. In einer Ecke des Schlafsaales oder auf der Blockstraße, die an den Baracken vorbeiführte, trug er ihnen jeden Abend einen knappen spirituellen Impuls vor. Wenn von außen Hostien hereingeschmuggelt wurden, teilte er heimlich die heilige Kommunion aus. Sein Ziel dabei: Die Priester sollten Dachau nicht einfach nur „überstehen", sondern als Schule des „neuen Menschen" erfahren.

Der weiß Gott nicht des Progressismus verdächtige Kentenich praktizierte in Dachau eine selbstverständliche ökumenische Offenheit. Ein protestantischer Pastor erinnerte sich „an die wohltuende ‚leise' Art, mit der er sprach, und auch an die ehrfürchtig behutsame Weise, mit der er gelegentlich mit mir, dem evangelischen Mitbruder, über religiöse und theologische Fragen sprach. Wenn ich mich nicht irre, habe ich ihn auch gelegentlich während unserer evangelischen Gottesdienste und Abendmahlsfeiern weit im Hintergrund unserer gemeinsamen Kapelle zuhören und mitbeten gesehen."

Später im amerikanischen Milwaukee sollte Kentenich an den Reformatoren die einfühlende Hinneigung zum Volk, die starke Betonung der Volksfrömmigkeit, die klassische volkstümliche Sprache rühmen. „Die deutschen Reformatoren haben es verstanden", sagte er vor seiner Auslandsgemeinde, „die Seele des deutschen Volkes zu fassen, zu berühren durch all das, was sie gelehrt und was sie als Institution gegeben haben. Freilich, das müssen wir nun nachträglich sagen, sie haben auch schon sehr bald das Kind mit dem Bade ausgeschüttet (...), das will heißen, auch das Wesen der heiligen Messe geändert."

Und schon wieder baute er Schönstatt-Gruppen auf. In Dachau gab es ohnehin gestandene Schönstätter wie den Theologiestudenten Karl Leisner, der in Münster mit unglaublicher Energie Jugendgruppen aus dem Boden gestampft und gegen die Nazi-Parolen immunisiert hatte („Verflucht sei der Zwang der Gewissen!"). Im November 1939 war er ins KZ gebracht worden, wo er heitere Gelassenheit verbreitete, Lieder zur Klampfe sang und Russisch lernte, um sich mit den sowjetischen Mitgefangenen unterhalten zu können.

Leisner litt an hochgradiger Tbc und siechte im feuchten Klima der Dachauer Sumpflandschaft langsam dahin. Als im Herbst 1944 der französische Bischof Piguet ins KZ eingeliefert wurde, feierte der Priesterblock ein wahnwitzig anmutendes Fest: Priesterweihe in Dachau. Bischof Piguet im heimlich genähten Bischofsornat und alle anwesenden Priester in ihrem Sträflingsdrillich legten dem 29-jährigen Karl Leisner die Hände auf, unbemerkt von den SS-Wachen. Um sie abzulenken, spielte draußen vor der Baracke ein jüdischer Freund der Geistlichen Geige. Kurz nach der Befreiung des KZs Dachau durch US-Truppen starb Leisner 30-jährig in Planegg.

Für zwei Monate in den polnischen Priesterblock verlegt, warb Pater Kentenich auch dort für Schönstatt; unter seinen polnischen Freunden war der spätere Bischof von Kosalin, Ignaz Jez. Kentenich stieß freilich auf Widerstände; zu sehr hatten die Polen unter den Deutschen gelitten. Außerdem hatten die Polen ja ein eigenes marianisches Heiligtum in Tschenstochau, an dem sie mit inniger Liebe hingen und in dem sie den Mittelpunkt ihrer Nation sahen. So verfiel er darauf, ganz bewusst (und wohl auch ein wenig als Provokation für die „Roten“ im Lager gedacht) eine „Internationale“ von Schönstatt zu gründen, in der tschechische, polnische, französische, belgische, italienische und deutsche Priester brüderlich zusammenarbeiten sollten. „Unser Herz gehört allen Menschen, allen Nationen“, beschwor

Kentenich seine Freunde und textete ein Lied, das alle Barrieren, alle Grenzen in der Liebe zur himmlischen Mutter überwinden sollte:

„Aus allen Nationen, die hier leiden,
wähl´ dir die Besten, um dein Reich zu weiten. (...)
Lass dich zur Weltenkönigin ernennen,
von heißer Liebe uns zu dir entbrennen,
die ganze Welt zu deinem Dienst entzünden,
dass alle Völker sicher heimwärts finden.
Dein heilig Herz ist für die Welt der Friedenshort,
der Auserwählung Zeichen und des
Himmels Pfort."

Im September und Oktober 1944 – längst zeichnete sich die totale deutsche Niederlage ab, und die Häftlinge schwankten zwischen der Hoffnung auf Befreiung und der bangen Ahnung, man werde sie abschlachten, um die Spuren der Gewaltherrschaft zu verwischen – proklamierte Kentenich in mehreren Vorträgen ausdrücklich die „Schönstatt-Internationale" als Frucht der gemeinsamen leidvollen Erfahrungen: Maria möge die hier Inhaftierten als ihre Werkzeuge benutzen, als „starke Bürgen für den Völkerfrieden". Im internen Sprachgebrauch der „Familie" ist das die „dritte Gründungsurkunde".

Der Prophet und Pionier, der das Schönstattwerk auf diese Weise über die nationalen und kontinentalen Grenzen hinaustrug, arbeitete in Dachau ganz bescheiden als Strohsackflicker. Das war das Kommando, das die Strohsäcke der Häftlinge – richtige Betten gab es in den Baracken nicht – ausbessern oder neu füllen musste. Kentenich sah schlecht aus, er magerte zum Skelett ab, zeigte erste Anzeichen von Hungertyphus. „Euer Rektor hält auch nicht mehr lange durch“, sagten besorgte Priesterfreunde zu den Schönstättern.

Trotzdem gab er die Päckchen mit Lebensmitteln, Medikamenten und warmen Strümpfen, die er aus Schönstatt erhielt – im Oktober 1942 erlaubte die Lagerleitung endlich die Zusendung von Paketen –, lächelnd an Mithäftlinge weiter, denen es noch schlechter ging. Und zwar „restlos“, wie der Zentrumsabgeordnete Joseph Joos als Augenzeuge berichtete. Kentenich rief eben nicht nur mit großer Geste die Schönstatt-Madonna zur „Lager- und Brotmutter, Lageradvokatin und Lagerkönigin“ aus, sein Pathos hatte wie immer höchst praktische, menschenfreundliche Wirkungen.

Der Speiseplan in Dachau sorgte dafür, dass Neuankömmlinge in den ersten zwei, drei Monaten bis um 25 Kilo abmagerten: schwarzer Kaffee zum Frühstück, eine dünne Gemüsesuppe mit ein paar Kartoffeln als Mittagessen und abends ein Kanten Kommissbrot, das auch für das Frühstück am nächsten Morgen reichen musste, mit Mehlsuppe und einem Klecks Margarine. Da fühlte man sich wie im Paradies, wenn einem ein ausgemergelter Engel wie Pater Kentenich ein Stück Brot oder eine Scheibe Wurst abgab.

Und dieses Skelett mit dem eisernen Willen überlebte tatsächlich. Mehr als einmal entging er dem Tod nur knapp. Am 24. Juni 1942 kam aus Berlin plötzlich der Befehl, alle nicht in Arbeitskommandos tätigen Häftlinge auf „Transport" zu schicken, was die Gaskammer bedeutete. Kentenich hatte zu diesem Zeitpunkt Dienst im Schlafsaal, was nicht als Arbeitskommando galt. Sein Freund, der Kommunist Guttmann, brachte ihn in Windeseile in die Nähstube des Arbeitskommandos „Desinfektion", änderte – unter höchster Gefahr für das eigene Leben – seine Häftlingsnummer und rettete ihn so vor dem Abtransport. Der Priester mit der Nummer 29 392 war vorübergehend nicht mehr auffindbar.

Am 8. März 1944 hing Kentenichs Leben erneut an einem seidenen Faden: Eine Kommission der Berliner Gestapo-Zentrale durchsuchte in einer Überraschungsaktion den Priesterblock nach verbotener Post. Kentenich hatte natürlich längst ein ganzes Netz von Briefkontakten aufgebaut und diktierte seinen Mitbrüdern Heinz Dresbach und Josef Fischer Korrespondenz und Abhandlungen. Zum Glück wurden nur ein paar Schreibblöcke mit harmlosen Aufzeichnungen entdeckt.

Dennoch kam Kentenich für eine Nacht in den gefürchteten „Stehbunker", wo man weder sitzen noch liegen konnte. Am nächsten Morgen konfrontierte ihn die Kommission mit den Aussagen von Denunzianten, die es auch in Dachau gab: Er arbeite mit Kommunisten freundschaftlich zusammen, schreibe illegale Post und versorge „Feindsender" im Ausland mit Informationen! Kentenich zog sich klug aus der Affaire: Seine Beziehungen zu den Roten seien rein seelsorglicher Natur, und er schreibe seit einem Jahr überhaupt keine Briefe mehr (was nicht gelogen war, er schrieb tatsächlich keine, weil er strenges Briefverbot hatte, sondern diktierte sie). Die Kontakte zu den ausländischen Sendern konnte man ihm nicht beweisen (in der Tat war Kentenich auch im Postverkehr mit Schönstatt sehr sparsam mit Informationen über das Lagerleben). Gelassen kehrte er in seinen Block zurück und rief Heinz Dresbach fröhlich zu: „Heute nachmittag schreiben wir weiter!"

Eine Torte voller Briefe und ein Gedicht mit 5870 Strophen

Während das Lager Dachau immer stärker die alptraumhafte Gestalt einer Hölle auf Erden annahm, während aus den besetzten Ländern immer mehr Häftlinge eingeliefert wurden, Hungersnöte und Seuchen grassierten, diktierte Pater Kentenich Brief um Brief – und dazu umfangreiche Studien. Mitten im Menschengewimmel, die für 50 Mann gedachten „Stuben" in den KZ-Baracken waren längst von 200 und mehr bewohnt, saß der Priester wie ein Philosoph in einer Ecke und diktierte. Jetzt bewährte sich die vielfältig verästelte Organisation der Schönstattbewegung in Zellen und Kleingruppen: „dass man alles Organisierte und Organisatorische auf das notwendige Mindestmaß beschränkte und sich stattdessen den natürlichen Strukturen, vor allem der Familie, anpasste" (Monnerjahn).

Körperlich wurde er immer schwächer, er schien dem Hungertod nahe und sah wie ein „eingefallenes, verhutzeltes altes Männchen" aus, berichtet Pater Fischer. Aber wenn er abends seine Schönstatt-Gruppen, manchmal fünf nacheinander, zusammentrommelte und in erstaunlicher geistiger Frische Vorträge hielt und diskutierte, merkte man davon nicht mehr viel. Die Denkarbeit war ein Jungbrunnen für ihn. Und wenn es wieder einmal gelungen war, die Bewacher auszutricksen, freute er sich wie ein übermütiger Junge: Ein sudetendeutscher Schönstattpriester arbeitete in Dachau auf der Besoldungsstelle der SS und mischte Kentenichs Briefe in die ausgehende Post. Adressiert waren sie an eine Bank in der Heimat des findigen Mitarbeiters, wo ein zuverlässiger Freund diese Kuverts aussortierte und an Kentenichs Briefpartner weiterleitete.

Im KZ Dachau entstanden aber auch Kentenichs spirituelles Grundlagenwerk *Marianische Werkzeugsfrömmigkeit,* zahlreiche gereimte Gebete, die nach dem Krieg unter dem Titel *Himmelwärts* veröffentlicht wurden und zum Teil heute noch in den Gottesdiensten der Schönstattfamilie gesungen werden – und ein ebenfalls gereimter *Hirtenspiegel* für die Leitung der Marienschwestern, der eine skurrile Vorgeschichte hat:

Im März 1943 erhielt Pater Kentenich ein Osterpaket mit zwei prächtig aussehenden Torten. Beglückt schnitt man die Osterüberraschung an – und fand in den Torten einen Riesenpacken Briefe. Kentenich war so begeistert von der Findigkeit seiner Leute, dass er die in den Briefen gestellten Fragen seinerseits in lokkerer Gedichtform zu beantworten begann. Er formulierte Kriterien für die Aufnahme neuer Mitglieder, gab Anweisungen für Ausbildung, Kleidung und Wohnen, dachte über Arbeitsfelder und Seelsorgseinsätze nach, legte den Schwestern die Fürsorge für ihre Alten und

Kranken ans Herz. Er diktierte und diktierte, manchmal hundert kurze Strophen am Stück. Im Januar 1944 war der *Hirtenspiegel* fertig: 5870 Strophen! „Ich habe von Dachau aus eine ganze Bibliothek diktiert", stellte er in einer Mischung aus Stolz und Amüsement fest.

Seine Arbeit an den Strohsäcken kam ihm beim Lesen der zahllosen Briefe zugute: Um nicht erwischt zu werden, stopfte er die Kuverts in einen solchen Strohsack – links die gelesenen, rechts die noch ungeöffneten –, den er bei Bedarf blitzschnell zunähen konnte. Als ihn einmal ein SS-Mann doch beim Lesen beobachtete, gelang es ihm gerade noch, den Strohsack zu vertauschen, bevor die Kontrolle anrückte.

Außerdem tarnte er seine Mitteilungen in einer verschlüsselten biblischen Sprache: Er ließ Paulus aus der „Sklaven- und Todesstadt" Korinth berichten und meinte damit natürlich sich selbst und Dachau. Im November 1942 fand die Gestapo bei zwei Schönstätterinnen, Maria Hilfrich und Lotte Holubars, einen Packen dieser Briefe und machte sich bald einen Reim darauf, welche Anspielungen hinter den Bibelzitaten steckten. Damals wurde Kentenich mit dem Briefverbot belegt; die Strafe für die beiden Damen war weit schlimmer: Sie wurden in das Frauen-KZ Ravensbrück gebracht, wo Lotte Holubars zwei Jahre später starb.

Nicht ungefährlich war auch die Arbeit mit den *Marienbrüdern* und der *Familienbewegung* – zwei neuen Formen des Schönstattwerkes, die Kentenich zusammen mit zwei in Dachau inhaftierten Laien, dem Gewerkschafter und Zentrumspolitiker Dr. Friedrich Kühr und dem österreichischen Rechtsanwalt Dr. Eduard Pesendorfer, aus der Taufe gehoben hatte: Wenn Kentenich zu seinen beiden neuen Mitarbeitern wollte, musste er nämlich durch das Fenster ihrer Baracke klettern. „Ich musste damit rechnen, dass ich niedergeschossen wurde. Die Wächter standen ja überall mit geladenen Gewehren. Aber die Gottesmutter hat mich immer beschützt."

In den letzten Kriegsjahren häuften sich die schlimmen Nachrichten. Bei einem Bombenangriff auf Köln im Juni 1943 ging das dortige Heiligtum der *Dreimal wunderbaren Mutter* in Flammen auf. Im November 1944 legten alliierte Bomber Koblenz in Schutt und Asche. Kentenich pflegte still zu beten, wenn er von solchen Katastrophen las – und seine Empfindungen in Gedichten zu verarbeiten: Es musste doch alles einen verborgenen Sinn haben, es musste Hoffnung gegen allen Augenschein geben!

> „O Mutter, lass uns große Wunder werden
> des Glaubens, des Vertrauens hier auf Erden,
> lass uns nach Deinem Vorbild gläubig stehen,
> mag alles um uns her zugrunde gehen.
> Wir glauben kindlich fest und voll Vertrauen,
> dass Vater eine neue Welt will bauen,
> dass er dazu als Werkzeug uns erkoren,
> weil Du den Heiland neu bei uns geboren."

Und dann, kurz vor der Befreiung, noch eine Flecktyphusepidemie im Lager, schlimmer als alle bisherigen. In einem einzigen Monat starben 4000 Häftlinge.

Am 29. April 1945 zogen die Amerikaner unter dem Jubel von 32 000 noch im Lager verbliebenen Gefangenen in Dachau ein; die Schönstätter begrüßten sie mit ihrer Hymne „Wir werden nicht untergehn!“ Die SS-Bewacher hatten das KZ verlassen und 8 000 Häftlinge mitgenommen, auf einen makabren Marsch in die Frei-

heit, der noch einmal viele Todesopfer forderte. Pater Kentenich war nicht dabei; der Reichsführer SS Heinrich Himmler, der hinter Hitlers Rücken Möglichkeiten eines Waffenstillstands sondierte und sich mit humanen Gesten bei den Alliierten und im Vatikan einschmeicheln wollte, hatte Anfang April Befehl gegeben, nach und nach kleine Gruppen von gefangenen Priestern zu entlassen. Darunter war am 6. April auch Joseph Kentenich.

Sechs Wochen später kam er – nach Zwischenstationen in Freising und Ennabeuren auf der Schwäbischen Alb – wieder in seinem geliebten Schönstatt an, das er vor vier Jahren zum letzten Mal gesehen hatte. David hatte Goliat besiegt, die waffenlosen Legionen der Madonna triumphierten am Ende über die Terrorarmee des Satans mit ihren Folterkellern und Massenhinrichtungen: „Der kleine David sind wir gewesen, und unsere Waffe (Schleuder und Stein) war das Liebesbündnis."

Man weiß heute, unter welch entsetzlichen Bedingungen Franz von Assisi seinen zauberhaften *Sonnengesang* gedichtet hat. In den letzten Monaten seines Lebens litt er an Malaria, Darm- und Magengeschwüren, Wassersucht, Depressionen und einer äußerst schmerzhaften Augenentzündung. Von den hilflosen Medizinern wurde er mit glühenden Eisen an Schläfen und Ohren malträtiert. Während er seine Hymne auf Gottes gute Schöpfung schrieb – vielleicht das heiterste Gebet, das die Christenheit kennt –, lag er mit furchtbaren Schmerzen und fast blind in einer armseligen Schilfhütte.

Das *Heimatlied,* die zu Herzen gehende Hymne der Schönstattbewegung, voll Vertrauen und innerem Glück, entstand vor einem ähnlich tristen Hintergrund. Im Februar 1943 wütete eine Typhusepidemie in Dachau, Kentenich war im Desinfektionskommando mit dem Flicken von Strohsäcken und Kissen beschäftigt, und „im Betrieb, im größten Lärm" diktierte er das „Heimatlied" als Gruß an die Marienschwestern daheim im Exerzitienhaus – aber auch als Entwurf einer neuen Gesellschaft auf der Basis von Wahrheit, Reinheit, Solidarität, Recht und Freiheit:

„Kennst du das Land, so warm und traut,
das ewige Liebe sich erbaut (...)?
Kennst du das Land, dem Himmel gleich,
das heiß ersehnte Freiheitsreich (...)?
Wo die Wahrhaftigkeit regieret
und Wahrheit herrscht und triumphieret;
wo nach des Rechtes heiligen Maßen
gemessen wird das Tun und Lassen;
wo Liebe einet Herz und Geister,
das Zepter führt der Herr und Meister?
Dies Wunderland ist mir bekannt;
es ist im Taborglanz die Sonnenau,
wo unsere Dreimal Wunderbare Frau
im Kreise ihrer Lieblingskinder thront
und alle Liebesgaben treulich lohnt
mit Offenbarung ihrer Herrlichkeit
und endlos, endlos reicher Fruchtbarkeit:
Es ist mein Heimatland, mein Schönstattland!"

VIII

DAS EXIL:
Verbannt, weil unverstanden

„Wir wollen nicht neben der Kirche existieren."

Am 14. März 1947 empfing Papst Pius XII. einen 61-jährigen Ordenspriester mit gepflegtem weißem Rauschebart in Privataudienz. Der Pater habe einen mehrjährigen KZ-Aufenthalt hinter sich, wurde ihm zugeflüstert. Darauf Papst Pius in scherzender Bewunderung: „Er sieht aber sehr gut aus! Er hat dort eine Kur mitgemacht."

Der gut erholte Priester, der dem Papst für die zwei Tage zuvor ausgesprochene offizielle kirchliche Anerkennung der neuartigen „Säkularinstitute" dankte (Ordensgemeinschaften, die unter Verzicht auf Klausur und Tracht mitten in der Welt leben) und um den Segen für sein eigenes Werk bat, war Joseph Kentenich. Berstend von Tatendrang und Plänen, war er nach Schönstatt zurückgekehrt und hatte begonnen, die überall im Ausland entstandenen Zentren und Ableger der Bewegung zu besuchen. Die internationale Ausbreitung hatte er ja selbst von Dachau aus grundgelegt; jetzt sollte der stürmische Aufbruch in geordnete Bahnen gelenkt und die Bindung an die Schönstätter Wurzel gewährleistet werden.

Für Deutsche war es damals zwar nicht so leicht, ins Ausland zu reisen, aber schließlich kannte er Gott und die Welt: In Dachau hatte es einen Mithäftling gegeben, einen italienischen Priester, der eng mit einem gewissen Monsignore Montini im vatikanischen Staatssekretariat befreundet war und seinem einstigen Leidensgenossen Kentenich einen Diplomatenpass des Vatikans verschaffte. Montini wurde 1963 zum Papst gewählt und gewährte Kentenich zwei Jahre später eine freundliche Audienz, als er aus dem amerikanischen Exil nach Rom gerufen und dort rehabilitiert wurde.

Kentenich genoss die neue Freiheit. In Dachau sei die „Internationale“ gegründet worden, bemerkte er in Anspielung auf den weltweiten Zusammenschluss der konkurrierenden roten Weltanschauung. „Und weil ich hier überflüssig geworden bin und ein anderer keinen Pass bekommt, spiele ich also die Internationale. Ich glaube, ich kann sie ganz gut spielen. Ich werde jeden Tag jünger.“

Gott und der amerikanische Kapitalismus

Schon im Herbst 1945 reiste er in die Schweiz. Zwischen 1947 und 1952 flog er fünfmal für mehrere Monate nach Südamerika. 1948 war er in Südafrika und den USA. Neugierig und sehr wach, studierte er die geistigen Strömungen in den verschiedenen Ländern, verglich sie mit der deutschen und europäischen Perspektive, versuchte herauszufinden, wo die Schönstattbewegung gefragt war und welche Antworten sie mit ihrer ganz eigenen Spiritualität auf die Herausforderungen in diesen Ländern zu geben vermochte.

Und natürlich freute er sich über das Aufbauwerk, das da im Gange war. In Brasilien entstanden neben dem Heiligtum – in jeder Niederlassung wurde erst einmal die kleine Schönstattkapelle von Vallendar in allen Einzelheiten nachgebaut – ein Exerzitienhaus, ein Schulungsheim, ein Noviziat, ein Schwesternheim, später sogar eine theologische Hochschule.

In Chile, Uruguay, Argentinien gründete Kentenich Schönstattzentren, sprach vor Studenten, Priestergruppen, Laienverbänden, unterhielt sich mit Bischöfen und Äbtissinnen. In Südamerika denke man eher „organisch" und ganzheitlich, stellte Kentenich nach diesen Reisen fest, man sei eher für Symbolik und Lebensprozesse offen.

Die Flüge waren nicht immer ungefährlich – in Santiago de Chile versuchte der Pilot wegen dichten Nebels eine Stunde lang vergeblich zu landen –, verliefen aber meist recht vergnüglich. Auch im Zug und im Auto nutzte Kentenich die Zeit, improvisierte Vorträge zu halten, Anekdoten zu erzählen und Lieder einzuüben. Tischgespräche konnten bei ihm vom Mittagessen bis zum Abend dauern (und wurden trotzdem nach Auskunft der Teilnehmer nicht langweilig).

In Südafrika beobachtete Kentenich erschrocken die menschenverachtende Praxis der *Apartheid*. Er fand es großartig, dass in seinen Gruppen von vornherein Weiße und Schwarze zusammenarbeiteten, und spielte wieder einmal den Propheten: „Afrika wird im Kampf um die Verchristlichung der Welt früher oder später eine große Rolle spielen.“

Bei den US-Amerikanern faszinierten ihn ihr Selbstbewusstsein, ihre Offenheit für das Visuelle – Fernsehen und Reklame waren dort schon allgegenwärtig – und ihr nüchterner Pragmatismus. Als zwischen der Siegermacht USA und dem am Boden liegenden Deutschland noch eine Riesenkluft bestand, schrieb Kentenich bereits einen *Amerikabericht,* eine Art Reisereportage als „Handbuch der Zeitgeschichte und Pädagogik“, weil die für Amerika bestimmenden gesellschaftlichen Phänomene in wenigen Jahren auch Deutschland prägen würden.

Die US-typische „Konzentration auf endlosen wirtschaftlichen Fortschritt“ und den Glauben, „dass Amerika berufen ist, die ganze Welt zu beherrschen“, erklärte er mit der stark von calvinistischen Ideen geprägten Geschichte des Mutterlandes Großbritannien: Wirtschaftlicher Erfolg als Ausdruck des göttlichen Wohlgefallens und der himmlischen Auserwählung, eine ganz bestimmte Religiosität als Wegbereiterin des Kapitalismus.

Wo er auch hinkam, in New York und Chicago, in Arkansas, New Jersey, Iowa, Florida, Texas, überall fiel ihm die “Schmelztiegel”-Qualität dieses Kontinents auf, die Fähigkeit, grundverschiedene Nationalitäten zu einer originellen “Volksseele” zusammenwachsen zu lassen.

Andererseits: „Amerikanische Art darf als Glocke betrachtet werden, die zwar aus verschiedenen wertvollen Substanzen gegossen, aber noch nicht fertig ist und deshalb keinen vollen Klang gibt."

Konnte das zerrissene Europa daraus bei seinem Bemühen lernen, eine neue, authentische, gemeinsame Identität zu gewinnen? „Man hat Europa das Fundament der Kultur genommen: Christus", stellte Kentenich fest. „Nun die Wirkung: alles ist am Zerbrechen. Wer ist berufen, der Welt Christus zu schenken? Das ist die Christusträgerin. Wir müssen sie der Welt zeigen."

Das zerbombte, unter Misstrauen und Freiheitsbeschränkungen leidende Deutschland wiederum habe die einmalige Chance, zu einer inneren Freiheit zurückzufinden und zu lernen, wohin es führen müsse, wenn der Mensch sich selbstherrlich zu Gott mache. Durch eine „Mobilmachung der Triebe" habe der Nationalsozialismus Egoismus, Gewaltbereitschaft und irrationale Gefühle zu einem mörderischen Machtrausch und zur vollkommenen Brutalisierung gesteigert; solche Fehlhaltungen seien keineswegs nur in der deutschen Geschichte zu beobachten. Kentenich: „Unser Volk hat die Aufgabe, einer Welt zu zeigen, wohin sie kommt, wenn sie die Vergiftungsstoffe stärker in sich eindringen lässt. Unser Volk ist ein Anschauungsunterricht für die Gefahr, die in der modernen Ideologie liegt."

Der Schönstatt-Gründer nahm sich die Freiheit, trotz allem stolz auf sein deutsches Volk zu sein, dessen Schuld er mittrage, dem er aber auch nach Kräften helfen wolle, seinen alten „religiös-sittlichen Adel“ wieder zu erobern. Und ein Amerikaner mit seiner „übermäßig praktischen“ Lebensart könne vom deutschen Hang zu Gemüt und Metaphysik ruhig auch etwas lernen.

Keine Frage, dass er unmoralisches Verhalten der Siegerstaaten, die Erniedrigung ausgehungerter deutscher Mädchen zu Prostituierten, Racheparolen der Kriegsgegner (er zitierte einen Prediger in Philadelphia mit seinem Appell *Let them starve,* „Lasst die Deutschen verhungern!“) und Pläne, Deutschland zu einem Agrarland auf vorneuzeitlichem Niveau zu machen, scharf kritisierte.

„Ich will die Bischöfe reizen!“

„Wir wollen nicht neben der Kirche existieren“, stellte Joseph Kentenich oft genug klar, „nicht über der Kirche, sondern in der Kirche“. Man strebe bewusst die „Abhängigkeit“ der einzelnen Schönstattgruppen von Pfarrei und Diözese an und den „Einbau unseres Reiches in die Hierarchie“.

Aber es gab auch Probleme mit der Kirchenführung, sehr früh schon. Mit seiner unbekümmerten Betonung der Freiheit in der Erziehung, mit dem Bemühen um Wiedergewinnung eines „organischen“ Glaubenslebens und der dankbaren Aufnahme psychologischer Erkenntnisse in sein Seelsorgskonzept musste er bei den unbeweglichen Geistern in Rom und in den Bischofskonferenzen anecken – es gab freilich nie nur diese, und der Aufbruch im Katholizismus kam nicht immer nur von unten! –, die starr am altgewohnten Zentralismus festhielten, alles und jedes mit Verordnungen regeln wollten und die Kirche als festgefügte Pyramide sahen: oben die Kommandozentrale mit direkter Verbindung zum Heiligen Geist, unten der breite Sockel der unmündigen Befehlsempfänger.

Allerdings machte es der dickköpfige Ordensgründer mit seiner eigenwilligen Sprache und seinen nicht leicht vermittelbaren „Sonderideen" dem für die Einheit des Glaubens verantwortlichen Lehramt nicht leicht. Dass die bestehenden Strukturen der „Kirche im Großen" für den speziellen Charakter und die große Vielfalt seiner „Kirche im Kleinen" nicht immer ausreichten, war leicht zu sehen, erschien den skeptischen Beobachtern aber auch gefährlich.

Schon 1935 war den Bischöfen von Trier und Limburg das „Neuartige" und „Eigenartige" an Kentenichs Ideenwelt aufgefallen; wie sie es ausdrückten, verrät Behutsamkeit – man wollte ein Gott möglicherweise wohlgefälliges Werk nicht voreilig verurteilen –, aber doch auch die typische Reaktion des Traditionskatholiken, der alles Neue erst mal lästig, verdächtig und gefährlich findet. Der Limburger Bischof teilte seine Bedenken dem Provinzial der Pallottiner mit, der Trierer Generalvikar verlangte von den Schönstättern, ihre Mariologie „auf ein gesundes Maß zurückzuführen", der Regens des Limburger Priesterseminars plädierte dafür, das *Sanctum Officium* in Rom – die heutige Kongregation für die Glaubenslehre – um ein Urteil über die Redeweise vom „Gnadenkapital“ und von der „gottgewollten Sendung Schönstatts“ zu bitten ...

Briefe, Gutachten, Stellungnahmen, Aufforderungen, Rechtfertigungen gingen hin und her, aber letztlich verlief die Angelegenheit im Sande (auch weil die Kirchenbehörden angesichts der gemeinsamen Bedrohung durch die Nazis Wichtigeres zu tun hatten) und die erforderliche Klärung blieb aus. Obwohl Pater Kentenich keineswegs devot zu Kreuze kroch, sondern ebenso geduldig wie angriffslustig Attacken parierte, Positionen erläuterte, Motive verständlich zu machen suchte: „Dem alten Krieger ist es nur dann wohl, wenn die Kugeln ihm um die Ohren pfeifen!“

1944, als Kentenich im KZ darbte, flammte der Konflikt kurz wieder auf: Der Freiburger Erzbischof Conrad Gröber, eine Künstlernatur, aber ein harter Gegner der liturgischen Erneuerung, stellte eine Liste gefährlicher Strömungen im katholischen Deutschland auf und nannte dabei auch das Schönstattwerk. 1948, der Heilige Stuhl war gerade dabei, die Marienschwestern als Säkularinstitut anzuerkennen, bündelte der Bamberger Weihbischof Artur Michael Landgraf die mehrfach erhobenen Vorwürfe in einem Gutachten, das Lob und Tadel verband:

„Es sind unzweifelhaft viele gute Gedanken und wertvolle Anregungen im Schrifttum der Schönstattbewegung. Auch sind viele gute Katholiken von der Bewegung erfasst. Aber die Dinge, betreff deren wir Bedenken erhoben haben, sind von einer Art, dass sie nicht einem Werk des Heiligen Geistes und der Lieblingsbeschäftigung Mariens anhaften können.“ Auch Landgraf forderte ein klärendes Wort des Heiligen Offiziums.

Jetzt drängten beide Lager auf eine gründliche Überprüfung: Pater Kentenich, der den Ruf eines sektiererischen Unternehmens ein für allemal los werden wollte, und die Kritiker unter den Bischöfen, die in Schönstatt nach wie vor zuviel Eigenleben, fragwürdige Wortprägungen und eine zu starke Abhängigkeit von der Person des Gründers monierten. Kentenich – er weilte gerade in Lateinamerika – ließ durchblicken, dass er die problematischen Punkte durchaus sah, aber anders bewertete:

„Weil wir die Zukunft von Welt und Kirche so stark und ständig im Visier haben“, gab er in einem Brief an einen befreundeten deutschen Prälaten zu bedenken, „ohne allerdings ideen- und lebensmäßig die Fühlung mit Vergangenheit und Gegenwart abzubrechen, ist es leicht verständlich, dass wir mit solchen kirchlichen Kreisen in Kollision geraten, die zu einseitig retrospektiv orientiert sind, die nur oder fast nur am Vergangenen hängen und nicht fähig sind, das neue Welt-, Gesellschafts-, Kirchen- und Menschenbild in ihren Gesichts- und Interessenkreis aufzunehmen.“ Und an anderer Stelle ließ er die boshafte Bemerkung fallen: „Ich will die Bischöfe reizen!“ Was freilich nicht Streitlust bedeute, sondern fruchtbare Auseinandersetzung.

Um diese zu leisten, plädierte er für eine wissenschaftliche Studienkommission aus Vertretern des Bistums und der Schönstattbewegung; hier sollten vor allem die mehrfach kritisierten „Sonderideen" gründlich beleuchtet werden. Kentenich hatte seine Leute für diese Kommission bereits beauftragt, da stoppte Trier das Projekt und setzte stattdessen eine bischöfliche Visitation fest, wie sie das Kirchenrecht in Konfliktfällen vorsieht.

Diese Visitation führte im Februar 1949 der Trierer Weihbischof Dr. Bernhard Stein durch, ein volksnaher, aufgeschlossener Kirchenmann mit nüchternem Scharfblick und Charisma zugleich. In seiner Schlussansprache in Schönstatt äußerte er sich mit unverhohlener Begeisterung: Die Bewegung sei „ein Werk und Werkzeug des dreifaltigen Gottes und der Gottesmutter", ihre theologische Gedankenwelt beurteilte er als „orthodox, korrekt und kirchlich".

Alles in Butter? Nun, Steins schriftlicher Visitationsbericht enthielt einige – behutsam formulierte – Anmerkungen zur pädagogischen Methode der Marienschwestern und zur Wortwahl in den Schönstätter Liedern und Gebeten. Kentenich hätte die Sache auf sich beruhen lassen und die verlangten Korrekturen stillschweigend vornehmen können.

Doch zuviel hatte er in den letzten Jahren an Misstrauen, neidischen Sticheleien, böswilligen Unterstellungen von Amtsträgern und Mitbrüdern schlucken müssen. Vielleicht hat er damals überreagiert. Jedenfalls brach es aus ihm heraus: Die „geistigen Haltungen hüben und drüben" seien so verschieden, dass sich der bischöfliche Visitator in Ideenwelt und Lebensweise der Schönstätter wohl schwerlich habe einfühlen können.

Von da an schlug er den Kritikern noch hartnäckiger und leidenschaftlicher seine Überzeugung von der einzigartigen Sendung Schönstatts um die Ohren: Eine so ausgeprägte marianische Frömmigkeit möge Anstoß erregen, aber er müsse an ihr festhalten, um dem „ungewöhnlich starken göttlichen Einbruch in unsere Familiengeschichte" gerecht werden zu können. Kentenich: „Es würde mich wahnwitzig dünken, ein solch beispiellos großes Ziel, wie wir es signalisiert haben, zu verfolgen, ohne Verbindung und Vermählung mit gesicherten außergewöhnlichen übernatürlichen Kräften und ohne die Gewissheit, einer eindeutigen göttlichen Planung zu dienen."

Und später, fast wütend, in einem Brief an seinen Mitbruder Alexander Menningen: „Wer uns also den Rat gibt, mit der gewöhnlichen Marienverehrung zufrieden zu sein oder auf dem Boden zu bleiben und keine Ausflüge zu wagen, vertritt die Stelle des Teufelsadvokaten. (...) Die Gottesmutter mag mit Wohlgefallen auf ihre Eliteregimenter herabschauen (...). Ob der Griff zu kühn und zu verwegen ist, wenn wir anzunehmen wagen – alles aufgrund unserer Geschichte -, mitberufen zu sein, die Idee der Laieninstitute schlechthin in der Kirche reinrassig heimisch zu machen und alle dahinter stehenden Strömungen führend mit zu beeinflussen?"

Und schon wieder war er in seine überschwängliche Sprache verfallen, die ihm die Probleme erst eingebracht hatte, schon wieder stellte er sein Schönstatt auf einen Denkmalsockel als die wunderbarste Erfindung der modernen Kirchengeschichte. Auf den Visitationsbericht von Weihbischof Stein schrieb er eine mehr als 300 Seiten umfassende Antwort, in mehreren Teilen, die den Konflikt zwischen Schönstatt und Teilen der Kirchenführung als Auseinandersetzung zwischen „organischem" und „mechanistischem" Denken interpretiert.

Man müsse endlich zu einem harmonischen Zusammenspiel von Religion und Leben, Natur und Gnade, Glaube und Liebe, kirchlichem Amt und freiem Charisma finden, die Seelsorge zu einer Begegnung mit dem guten Vatergott machen und Maria nicht als Glaubensmodell „dulden", sondern als Garantin einer innigen Herzensreligion lieben! Stattdessen herrsche in weiten Kreisen von Kirche und Theologie immer noch ein Denken, das zusammengehörende Lebensvorgänge auseinanderreiße, den Gottesbezug des Menschen von seiner Sehnsucht nach dem Vater löse und die Mutter Jesu von ihrem Sohn trenne.

Wieder warf er der Kirche im Nachkriegsdeutschland in ziemlich drastischen Worten vor, sich auf die Rückeroberung alter Positionen zu beschränken, zu wenig Zukunftsperspektiven zu entwickeln und die Bedeutung neu aufgetretener Fragen und Bedürfnisse für die Seelsorge zu vernachlässigen.

Wusste er, dass er dabei war, sich um Kopf und Kragen zu reden und zu schreiben? Jedenfalls legte er den ersten Teil seines Mammutbriefes, bevor er ihn abschickte, feierlich auf den Altar des Schönstatt-Heiligtums im chilenischen Bellavista nieder, das er gerade eingeweiht hatte. Und stimmte seine Gemeinde auf die Widerstände ein, mit denen er jetzt verstärkt rechnete: Es werde verwundete Herzen, helle Empörung und harte Gegenschläge geben. Aber: „Wer eine Sendung hat, muss sie erfüllen, auch wenn es in dunkelsten und tiefsten Abgrund geht (...). Prophetensendung schließt immer Prophetenlos in sich.“

Das Verbannungsurteil stand schon fest

Kentenichs innerkirchliche Gegner nahmen den Fehdehandschuh auf. Wäre ein Dialog über seine Lieblingsidee vom mechanistischen und organischen Denken möglich gewesen? Hätten beide Seiten voneinander lernen können? Man versuchte es gar nicht erst. Der Bischof von Trier machte neue, rigorosere Auflagen, die von der Bischofskonferenz – wie jetzt erst bekannt wurde – bereits 1948 beschlossen worden waren! Also ein Jahr vor der Visitation, die doch erst die Notwendigkeit oder Überflüssigkeit solcher Maßnahmen herausfinden sollte.

Dem Heiligen Offizium in Rom, das sich jetzt mit der *Causa Kentenich* befasste, genügte die Überprüfung ohnehin nicht. Die Glaubensbehörde setzte für Frühjahr 1951 eine *Apostolische Visitation* an und schickte den holländischen Jesuiten Sebastian Tromp, einen erstklassigen Theologen, der an der Päpstlichen Gregoriana-Universität lehrte. Für Pius XII. hatte er die Enzyklika *Mystici corporis* geschrieben, die – ganz im Sinne Kentenichs – die Kirche als mystischen Leib Christi schilderte; für das Zweite Vatikanische Konzil lieferte er als Sekretär der Vorbereitungskommission wichtige Vorlagen, die allerdings von den Konzilsvätern, die unabhängig von den Wünschen der Kurie diskutieren wollten, alle abgeschmettert wurden.

In Schönstatt machte Tromp keine besonders gute Figur. Statt sich ein unvoreingenommenes Bild zu machen, stellte er Pater Kentenich beim ersten Treffen sofort vor vollendete Tatsachen. Er müsse sich von seinem Werk trennen – wenn er das freiwillig tue, könne er nach einer gewissen Zeit wieder zurückkehren, wenn nicht, sei die Trennung endgültig.

Der Grund, warum die Kirchenführung so einen massiven Schnitt vornehmen wollte, war wohl die Sorge, das Schönstattwerk könne sich noch mehr als bisher an seinen vergötterten Gründer binden und den Charakter einer Sekte annehmen, abgeschottet von den „normalen" Christengemeinden und in einem ungesunden Personenkult völlig auf Pater Kentenich fixiert. Die Abhängigkeit der Schönstätter, vor allem der Marienschwestern, von Kentenichs Person übersteige „jedes vernünftige Maß", hatte ein deutscher Bischof kurz zuvor geurteilt, der ansonsten die von hier ausgehende „gewaltige Woge apostolischen Sendungsbewusstseins" durchaus bewunderte.

Und dann, obwohl es keiner offen und direkt aussprach, gab es die Sorge, der viel von der Einzelseele und ihren Sehnsüchten und Beschädigungen redende, Psychologie und Psychotherapie aufgeschlossen gegenüberstehende Gründer leiste dem gefürchteten „Subjektivismus“ Vorschub. Zu viel Individualseelsorge, zu wenig Bindung an klare Normen.

Kentenich, gewiss zutiefst verletzt, aber gelassen und freundlich wie immer, bat sich Bedenkzeit aus und beriet sich mit seinem engsten Vertrauten, Pater Menningen. Dann teilte er dem Abgesandten des Vatikans seine Entscheidung mit: Freiwillig werde er seine Gründung nie verlassen, im Gehorsam, den er der Kirche schuldete, allerdings sofort. Vom Vatikan aller seiner Ämter enthoben, trat Kentenich eine Odyssee durch Europa an. Im Schweizer Prämonstratenserinnenkloster Berg Sion bei Uznach schrieb er – man kann es sich schon denken – wieder eine ausführliche Verteidigungsschrift, den *Schlüssel zum Verständnis Schönstatts,* für den Jesuitenpater Augustin Bea, der später als Kardinal und Leiter des vatikanischen Einheitssekretariats großen Einfluss bekommen sollte. Von Rom aus fuhr er nach Valle di Pompei, wo Bartolo Longo 1872 ein Marienheiligtum und ein Waisenhaus gebaut und Kentenich damit zu seiner eigenen Gründung angeregt hatte.

Doch man wollte ihn nicht nur von Schönstatt weghaben, sondern auch aus Europa entfernen. Am 1. Dezember 1951 schickte ihn der Vatikan ins Exil: in die USA. Weil es erfahrungsgemäß eine längere Prozedur erforderte, die Aufenthaltserlaubnis dort zu erhalten, gestattete man ihm generös, sich einstweilen in Südamerika aufzuhalten, bis die Papiere eingetroffen seien – Hauptsache, er war weit genug weg von Schönstatt. In Südamerika hatte er außerdem im Auftrag der Pallottiner ein Terziat auszurichten und einige andere Termine wahrnehmen. Am 20. Januar konnte er das Heiligtum im argentinischen *Nuevo Schoenstatt* einweihen, allerdings nicht mit den Marienschwestern dort sprechen, das war ihm streng verboten.

Wobei das Heilige Offizium jedem, der es hören wollte, versicherte, es gehe nicht um eine persönliche oder theologische Verurteilung, sondern um eine rein administrative Maßnahme, um dem Schönstattwerk eine gesunde Entwicklung zu sichern. Kentenich sollte „im Schatten bleiben", wie es in einem Dokument hieß. Unbemerkt von der großen Öffentlichkeit, wurden in den nächsten Jahren auch seine engen Mitarbeiter wie Pater Menningen oder Pater Fischer von ihren Posten entfernt.

Mehr als drei Jahrzehnte nach Kentenichs Tod machte in den Zeugenvernehmungen für einen möglichen Seligsprechungsprozess ein im Dienst ergrauter 78-jähriger Mitbruder seinem Ärger Luft. Der Schönstattpater, der lange in der Gefängnissseelsorge gearbeitet hatte und die Gepflogenheiten eines Rechtsstaates gut kannte: „Kentenich hat keine offizielle Anklageschrift erhalten; er hatte keinen offiziellen Anwalt; er wurde nie einem Richter vorgeführt, geschweige denn einem Ankläger oder Zeugen gegenübergestellt." In den 14 Jahren seiner Verbannung habe man ihm das Reisen, zum Teil sogar das Schreiben und Reden verboten; „das einfachste Menschenrecht, wie das *audiatur et altera pars* [auch die andere Seite soll gehört werden], wurde ihm in diesen 14 Jahren vorenthalten. Und das alles ohne jede stichhaltige Begründung!"

Und die Pallottiner? Sie sahen dem Trauerspiel tatenlos zu. Finanziell hatte der Orden das Schönstattwerk zwar immer großzügig unterstützt, Kentenich hatte auch stets gleichgesinnte Pallottinerpatres als Mitarbeiter zugewiesen bekommen, aber zu seinen „Sonderideen" ging die Ordensleitung auf Distanz. Die Schönstattbewegung, oh ja, ein respektables Werk pallottinischer Geistigkeit, aber der Gründer sei wohl übers Ziel hinausgeschossen ...

Für die Schönstattgemeinschaften wiederum war diese Kritik aus dem eigenen Haus der Anlass, ihre Eigenständigkeit und originelle Spiritualität stärker zu betonen und zunehmend zu vertiefen – bis 1964 Paul VI. die organisatorische Trennung von den Pallottinern verfügte. Zum Glück gab es immer auch mutige Ehrenerklärungen für die Schönstätter aus Kreisen der Hierarchie: Ein Apostolischer Nuntius in Südamerika ermunterte sie, „die Kritik nicht zu fürchten. Wenn man die Geschichte der Kirche kennt, weiß man, dass solche Bewegungen wie die Ihre immer auf Schwierigkeiten gestoßen sind. Es kann auch nicht anders sein, denn Ihre Bewegung hat eine solche Vitalität und predigt ein so reines und herbes Christentum, dass die Leute sich dagegen wehren müssen!"

Das Erstaunliche: Pater Kentenich fügte sich der Entscheidung, die er als unfair, ungerechtfertigt und wenig christlich betrachtete, ohne Verbitterung. Er protestierte weder öffentlich noch intern. Er verfasste keine empörten Presseerklärungen und hielt keine rebellischen Predigten. Er sagte sich in seinem eisernen Vorsehungsglauben einfach, auch das werde im Plan Gottes seinen Sinn haben – und wenn dem Schönstattwerk von Gott eine Zukunft zugedacht sei, dann werde sie kommen, trotz der römischen Maßnahmen und auch ohne den Gründer.

Kentenich in seiner einzigartigen Verbindung von Selbstbewusstsein und Demut: „Wer eine außergewöhnliche Sendung hat, muss sich auch außergewöhnliche Proben gefallen lassen. Welt und Kirche haben ein Recht, solche zu verlangen, auch aufzuerlegen. Welcher Mittel sie sich dabei bedienen, darf nicht entrüsten, auch nicht, wenn es Ehrlosigkeit, Rechtlosigkeit und Heimatlosigkeit ist. Sie brauchen den Erweis für Echtheit und Göttlichkeit solcher Sendung."

„Als habe er Gott selbst erlebt"

Im Juni 1952 waren endlich alle Einreiseformalitäten erledigt, und der 66-Jährige traf in seinem amerikanischen Exil ein: Milwaukee am Michigansee im Bundesstaat Wisconsin, pulsierende Hafenstadt mit viel Industrie, aber auch einem regen geistigen Leben. Neben einer staatlichen gab es eine kirchliche Universität. Und – in der Pfarrei *Holy Cross* – eine Niederlassung der Pallottiner, wo Kentenich auf Geheiß des Heiligen Offiziums wohnen sollte.

Wie es seine Art war, wollte er sich in seinem neuen Domizil sofort nützlich machen, aber da war nicht viel zu tun. Zwei Jahre nach seiner Ankunft wurde zu seiner großen Freude hinter dem Haus der Pallottiner ein Heiligtum der *Mater ter admirabilis* von Schönstatt gebaut, und dort feierte er jetzt jeden Tag um sechs Uhr früh die heilige Messe. Die übrige Zeit füllte er mit Schreiben, Schreiben, Schreiben: Studien, Glossen, Predigten. Und mit Spaziergängen über den parkartigen *Calvary-Friedhof* mit seinen weiten Alleen. Er fühlte sich einsam und ein bisschen überflüssig.

Da bekam er 1959 eine interessante neue Aufgabe als Seelsorger für die deutschsprachigen Katholiken in Milwaukee. Viele von ihnen waren aus ihrer Heimat vertrieben worden und in einer ähnlich traurigen Situation wie er selbst; für sie wollte er in der Einwanderergemeinde ein Stück neue Geborgenheit schaffen helfen. Mit Feuereifer stürzte er sich in seine neuen Pflichten, gründete einen Familienkreis, initiierte einen Kirchenchor, gab ein Gemeindeblatt namens *Heimatklänge* heraus, regte eine monatliche Wallfahrt zu den Schönstatt-Heiligtümern der Region an.

Hier in Milwaukee machte Kentenich bereits ernst mit dem gewandelten Kirchenbild, das wenige Jahre später auf dem Zweiten Vatikanischen Konzil für die ganze Welt deutlich werden sollte: Pilgerndes Gottesvolk aus vielen Begabungen statt unbeweglich festgefügter Pyramide aus Hierarchie und Fußvolk. Geschwisterliche Gemeinschaft statt patriarchalisch geführter Truppe. Viele Kulturen und Mentalitäten statt immer derselben in Rom geschneiderten Uniform. Verantwortung für die Welt statt Rückzug in das fromme Getto.

Der Respekt vor der Würde und den Talenten des sogenannten Laien gehörte dazu. Früher sei der Laie „eine Randfigur" gewesen, sagte er bei einer Sonntagspredigt hier in der Unterkirche von St. Michael, „eine Figur, die am Rande der Kirche geht und steht, eine Figur, die betreut wurde vom Klerus." Ein „Bankfüller" im Hintergrund. „Der hatte zu folgen und sich betreuen zu lassen." Doch heute solle er sich als vollwertiges Glied der Kirche erleben. „Ein vollwertiges, das die volle Verantwortung für die Sendung der Kirche, für die Sendung der Gesamtkirche an seinem Platze übernimmt! (...) Wenn ich die Kirche bin: wo ich dann gehe und stehe, ist die Kirche gegenwärtig."

Als Prediger lief Pater Kentenich hier in Milwaukee wieder zu großer Form auf. Es sehe so aus, „als wenn der liebe Gott am Schlafen wäre", als sei er nur eine Illusion, hinderlich für den Fortschritt, bemerkte er in der Christmette 1964 und rief seine Gegenvision in den Raum, glühend und siegesgewiss wie in alten Zeiten: Nein, der Vatergott habe einen „gigantischen Welten- und Lebensplan" für die ganze Erde und jeden einzelnen Menschen entworfen „und dabei jede kleine, kleinste Kleinigkeit vorausgesehen". Weihnachtsgnade bedeute, „dass wir alle insgesamt in einzigartiger Weise Vaterkinder oder Vorsehungskinder werden".

Diese Predigten oder Predigtzyklen zu zentralen Glaubensthemen dauerten mindestens eine halbe Stunde, aber man hörte ihm gerne zu, gebannt von seiner Überzeugungskraft: „Seine Predigten waren oft zu hoch für mich“, erinnerte sich ein Mitglied des Chors. „Aber meinen Kindern werde ich einmal erzählen von dem alten Priester mit dem weißen Bart, der Sonntag für Sonntag mit einer solchen Sicherheit und Begeisterung von Gott gepredigt hat, dass man meinte, er habe ihn selbst erlebt und komme gerade von ihm, um uns von seinem Erlebnis zu erzählen!“

Aber ganz fühlt er sich immer noch nicht ausgefüllt. Als ihn 1961 eine Studentin der *Marquette University* von Milwaukee um Literaturtipps für ihre pädagogische Examensarbeit bittet, schreibt er – es kann gar nicht anders sein – gleich eine ganze Abhandlung über die Schönstätter Erziehungsgrundsätze. Titel der Schrift: *What is my philosophy of education?* – “Was ist meine Erziehungsphilosophie?”

Sein Ziel, den „neuen Menschen“, beschreibt er hier als „die eigenständige, die beseelte, die entscheidungsfreudige und –willige, die selbstverantwortliche und innerlich freie Persönlichkeit, die sich gleicherweise fernhält von starker Formversklavung und bindungsloser Willkür“. Also keine komplette Autonomie, sondern Ausrichtung an den „Seinsgesetzen Gottes“. Das heißt: „Der Mensch hat (...) nicht das Recht, auf die Gnade zu verzichten“, den Himmel „den Engeln und den Spatzen“ zu überlassen, wie Kentenich mit einem Heine-Zitat scherzt. Die menschliche Natur muss akzeptiert, aber veredelt und erleuchtet werden, das irdische Leben muss geöffnet werden für das ewige, und der „wesentlichste Urtrieb“ muss die Liebe sein. Kein Mensch kann sich Erzieher nennen, der nicht selbst Mensch ist, erfüllt und getrieben von Liebe.

Das sind die Grundsätze. Kentenich hat immer eine sehr humane, einfühlsame, an den ganz speziellen Bedürfnissen des Einzelnen orientierte Pädagogik vertreten. Gern erzählte er die Geschichte von dem Priesteramtskandidaten, der seine Gewissenserforschung nicht mehr negativ – was habe ich falsch gemacht, wo habe ich gesündigt? –, sondern positiv – was habe ich geschafft, was ist mir gelungen, was will ich erreichen? – gestaltete und seinen Spiritual damit erzürnte. „Sie sollen Ihre Fehler ablegen!“ habe er den Studenten angeschrieen. Der antwortete unbeirrt: „Ja! Aber ich tue das positiv, durch Überstrahlung.“ Kentenich stand natürlich ganz auf der Seite des Studenten!

Erziehung dürfe nicht nur den Verstand und den Willen im Auge haben, schärfte er seinen Mitarbeitern ein, sondern auch das unbewusste Seelenleben. „Meine Schwäche kann auch darin bestehen und besteht recht häufig darin, dass ich mein Gemüt totdrücke. Sehen Sie, ich muss auch darauf achten, dass mein Wesen urwüchsig bleibt, dass die Lebenskräfte nicht getötet werden dadurch, dass sie alle niedergetreten werden.“

Erziehung nicht durch Furcht, sondern durch Liebe! Da liegen gerade strebsame Naturen, von ihren Fehlern erschlagen, „zusammengeklappt“ am Boden und kommen nicht mehr hoch. Nein, mit diesem Gottesbild, „unter dem auch die Besten unter uns leiden“, muss man entschlossen brechen. Und auch mit einer unkritischen, unkontrollierten, selbstverliebten Ausübung von Autorität und Macht. Die wirkliche Autorität bestehe darin, Menschen dazu zu bringen, sich zu entfalten und das Ihre zum Ganzen beizutragen, nicht sie zu gängeln.

„Ohne das Konzil wären Sie nie verstanden worden!“

Als 1962 in Rom 2540 Bischöfe und Äbte aus der ganzen Welt zum Zweiten Vatikanischen Konzil zusammentreffen, um der alt und müde gewordenen Mutter Kirche ein frisches, menschliches, einladendes Gesicht zu geben und sie wieder in unmittelbaren Kontakt mit den Fragen und Nöten der Welt zu bringen, wachsen auch die Chancen, den springlebendigen Greis in seiner nun schon elf Jahre währenden Verbannung zu rehabilitieren. 76 Jahre ist Kentenich jetzt alt, und bisher sind alle Bemühungen gescheitert, Rom zum Einlenken zu bewegen.

Schon 1959 hat eine Gruppe deutscher Bischöfe Papst Johannes XXIII. – mit Hinweis auf die eindrucksvoll bewiesene Treue der Schönstätter zur Kirche – gebeten, das Schönstattwerk bis auf weiteres vom Pallottinerorden zu lösen. 1962 ein neuer Vorstoß des Vorsitzenden der Deutschen Bischofskonferenz, Kardinal Joseph Frings, unterstützt von Kollegen aus Chile und

Afrika: Der Papst möge die leidige *Causa Schönstatt* dem Heiligen Offizium entziehen und in die Hände der vatikanischen Ordenskongregation legen, wo man für das Schönstattwerk ein neues Generalstatut erarbeiten könne. Neuanfang statt Blick zurück im Zorn.

„Nicht warten, bis die heutige Welt, die sich total unabhängig von der Kirche entfaltet, eine Welt für sich darstellt mit eigenen Wertmaßstäben", fordert Kentenich in diesen Jahren in seiner Exilgemeinde in Milwaukee. „Diese Welt muss von der Kirche wie von einem Schiff gleichsam durchfahren und von der Kirche innerlich erfasst werden." Das „Lebensprinzip", die „Seele" der heutigen Welt müsse sie werden! Und an anderer Stelle: „Fenster und Türen sind weit aufgemacht (...), wir haben ständig nicht nur hineingeschaut in den Raum der Kirche, sondern auch hinausgeschaut in die Welt."

Es ist sonnenklar: Was den alten Propheten drüben in Milwaukee bewegt und umtreibt, was seinem Werk die ungeheure Anziehungskraft und Vitalität verleiht, ist dieselbe Sehnsucht, dieselbe Vision, die das Konzil durchpulst. Es ist dieselbe Zielvorstellung einer dienenden, hörenden, arm und machtlos nur von der Kraft des Evangeliums gehaltenen, aber eine unerhörte Botschaft zur Rettung der Welt verkündenden Kirche. „Ohne das Konzil wären Sie nie verstanden worden!", wird ihm Kardinal Bea später sagen.

Und jetzt, im Umfeld der Kirchenversammlung, kommt endlich Bewegung in die Sache. Papst Johannes übergibt den Fall vier Monate vor seinem Tod, wie gewünscht, an die Ordenskongregation, sein Nachfolger Paul VI. bestätigt diese Entscheidung. Im Dezember 1963 ernennt die Kongregation den Bischof von Münster, Joseph Höffner (später wird er Kardinal in Köln und Vorsitzender der Deutschen Bischofskonferenz), zum *custos et moderator* des Schönstattwerkes. Der Dominikaner-Provinzial von Ecuador, Hilario Albers, wird beauftragt, das Schönstattwerk in Deutschland und mit seinen internationalen Niederlassungen erneut zu visitieren.

Das Ergebnis ist offenbar sehr befriedigend. Wie immer wieder gefordert und zuletzt auch von der Deutschen Bischofskonferenz einstimmig befürwortet, vollzieht der Heilige Stuhl im Oktober 1964 die Trennung des Schönstattwerkes von den Pallottinern. „Seelische Verwundungen hat es auf beiden Seiten reichlich gegeben", bilanziert ein Kenner, aber heute bestünden gute und regelmäßige Kontakte zwischen dem Orden und den Schönstättern. Schönstattpatres seien Professoren an der Ordenshochschule, der Seligsprechungsprozess für Kentenichs jungen Mitarbeiter Josef Engling werde von beiden Seiten gemeinsam betrieben. „Das Klima ist prima geworden!"

Und Pater Kentenich? Am Ende der ganzen traurigen Geschichte passiert noch einmal etwas Verrücktes. Am 13. September 1965 – das Konzil ist in seine letzte Sitzungsperiode eingetreten – bekommt Kentenich einen Anruf von der Zentrale der *Western Union:* ein Telegramm aus Rom! Die Dame gibt ihm den Text durch: *In the name of the Father General immediately come to Rom. Burggraf.* Er solle "unverzüglich" nach Rom kommen, verlangt der Sekretär des Pallottiner-Generals, Pater Burggraf.

Kentenich packt seine Siebensachen und fährt am 16. September zum Flughafen, eskortiert von einem Pulk von Autos, verabschiedet von einer großen Menge gerührter, aufgeregter Menschen, die schon ahnen, was da geschehen soll. Kentenich selbst ist gelassen wie immer; ein Vertrauter wird aber später verraten, dass er in diesen Nächten nicht geschlafen hat.

In Rom angekommen, erlebt er eine Überraschung: Im Generalat der Pallottiner am *Ponte Sisto* wundert man sich sehr über den Gast aus Amerika. Niemand habe ein Telegramm nach Milwaukee geschickt! Der General ist nicht anwesend, sein Sekretär, Pater Burggraf, erklärt erschrocken, er wisse nichts von einem solchen Telegramm.

Die Sache droht zu eskalieren, denn tatsächlich ist Pater Kentenich längst nach Rom beordert worden, aber erst für Oktober, zu einer Audienz beim Präfekten des Heiligen Offiziums höchstpersönlich; plötzlich ist die Glaubensbehörde wieder auf den Plan getreten. Der genaue Termin werde ihm noch mitgeteilt. Und nun ist er schon im September da, unter Berufung auf ein ominöses Telegramm, das ihm keiner geschickt haben will. Im *Sanctum Officium* ist man höchst verärgert. Kentenich will offenbar schon wieder aus der Reihe tanzen und das Gesetz des Handelns bestimmen. Am 24. September tritt die Vollversammlung der dem Heiligen Offizium angehörenden Kardinäle zusammen und beschließt, Kentenich müsse sofort nach Milwaukee zurückfliegen.

Kardinal Bea will eine Brücke bauen: Er spricht freundlich mit ihm, fragt ihn, ob er einem neuerlichen Flug über den Atlantik bei seinem Alter gesundheitlich gewachsen sei. Darauf Kentenich fröhlich: Ach, er fühle sich hervorragend und könne sofort reisen! Er will Klärung, er will sein Recht, keinen Gnadenakt aus Mitleid mit einem alten Herrn.

In Rom gibt es hitzige Diskussionen unter den Anhängern und Gegnern des Schönstattgründers (und der vatikanischen Behörde). Nur Kentenich selbst bleibt die ganze Zeit ruhig und fair. „Er hat in all den schweren Monaten auch nicht ein einziges Mal nur mit der geringsten negativen Bemerkung über seine Gegner gesprochen", bezeugt ein deutscher Bischof, der ihn oft traf. Er habe stets versucht, deren Position zu verstehen, aber auch kompromisslos an seiner Sendung festgehalten. „Es wird alles gut gehen", sagt Kentenich. „Ich bin in noch größeren Stürmen gewesen, und die Gottesmutter hat immer gesiegt."

Sie siegt erneut. Am 20. Oktober stürzt die Plenarversammlung der Kardinäle des Offiziums die Entscheidung vom September um. Kentenich muss nicht zurück nach Milwaukee. Der Fall wird an die Ordenskongregation zurückgegeben. Diese sieht keinen Anlass, dem Priester weitere Knüppel zwischen die Beine zu werfen. Sein Antrag, aus dem Pallottinerorden austreten zu dürfen, wird anstandslos genehmigt. Nach einer Audienz

beim Papst – es gibt ein herrliches Bild davon: Kentenich hochaufgerichtet, ein Köfferchen in der Hand, als lege er gerade einen Zwischenstopp am Bahnhof ein, vor dem päpstlichen Thronsessel, Paul VI. neigt sich ihm aufmerksam zu – trifft er am Heiligen Abend 1965 in Schönstatt ein, von den Seinen gefeiert wie ein König, der aus der Verbannung zurückkehrt.

Kirche in der „Pubertätskrise“

Joseph Kentenich ist 80 Jahre alt, aber er entfaltet sogleich neue Aktivitäten. Er hält Exerzitienkurse und Schulungswochen, besucht die Schönstattzentren quer durch Deutschland und fast alle Bischöfe der Bundesrepublik, benötigt vier Sekretärinnen aus den Reihen der Marienschwestern, um die Briefpost, die Vorträge, die neuen Veröffentlichungen bewältigen zu können. Er ist eine zähe Natur, einen Autounfall übersteht er mit ein paar Prellungen.

Besonders häufig spricht er jetzt über das Kirchenbild des Konzils, das ja sein eigenes ist: Nicht mehr als unbewegt in der Brandung stehenden Felsen sieht sich die Kirche, sondern als Schiff, unterwegs auf dem Meer der Geschichte. Statt der strengen Unterscheidung zwischen Amtsträgern und „Laien“ betont sie nun stärker die gemeinsame Würde und Verantwortung aller Getauften, die gemeinsame Sendung für die Welt. Aber er übt auch Kritik an einer maßlosen Neuerungssucht, an einer unkritischen Anpassung an die Moden des Zeitgeistes, an der Verwechslung von Freiheit und Bindungslosigkeit, an der Geringschätzung gewachsener Volksfrömmigkeit. Die Kirche leide im Gefolge des Konzils an einer „Pubertätskrise“, sagt er gern.

Und geht über die Impulse des Konzils hinaus, wenn er fordert, aus dem „Volk Gottes“ müsse die „Familie Gottes“ werden. Priester und Amtsträger müssten Gott als Vater erlebbar machen, was allerdings keinen neuen Patriarchalismus bedeute, sondern die Herrschaft der

Liebe. Kentenichs Gottesbild hat immer auch mütterliche Züge. Dem Schönstattwerk weist er die Aufgabe zu, in der Kirche eine „Herzfunktion“ auszuüben, um sie zu einer Familie zu machen, in der jeder Mitverantwortung trage und Gehorsam mit Freimut gepaart sein müsse.

Doch jetzt wird er müde. Obwohl er seine Vorträge immer noch stehend hält, frei ohne Konzept spricht, mit kräftiger Stimme, ist er doch schmäler geworden, sein Gesicht blass und durchscheinend. Die geplante Weltreise kann er nicht mehr antreten, er leidet an Herzbeschwerden.

Am 7. September 1968 schickt der 82-Jährige den in Essen beim Deutschen Katholikentag versammelten Schönstättern eine Grußbotschaft, in der er von „apokalyptischen Zeiten“ spricht. Göttliche und satanische Mächte hätten die Erde zu ihrem „Kriegsschauplatz“ erwählt. Er meint damit offenbar weniger die innerkirchlichen Auseinandersetzungen – in Essen wird massive Kritik an der „Amtskirche“ und an der Enzyklika Pauls VI. zur Geburtenkontrolle laut – als vielmehr die weltpolitischen Entwicklungen; den atomaren Overkill und die unverschämte Kluft zwischen reichen Industrienationen und der hungernden, ausgeplünderten Dritten Welt.

Ein „gewaltiges Streben nach Einheit“ gehe durch die ganze menschliche Gesellschaft. Doch es komme sehr auf die Art dieser Einheit an: „Die mechanische Einheit trennt Mensch und Gesellschaft von Gott“, so bringt er ein letztes Mal seine Lieblingsidee ins Spiel. „Ihr Ideal ist bewusst oder unbewusst der Turm von Babel. Sie muss damit rechnen, dass sie ein gleiches Schicksal trifft: dass Gott – bevor der Turm fertig ist – herniedersteigt, um die Nationen zu züchtigen und auseinanderzusprengen. Die organische Einheit wächst von innen nach Gesetzen, die Gott der menschlichen Gesellschaft gegeben hat. Diese wächst in eine Gemeinschaft hinein, in der Christus das Haupt und die Gottesmutter das Herz ist. Darum bleiben wir – wie früher, so auch jetzt und in Zukunft – bei der Parole: Mit Maria hoffnungsfreudig und siegesgewiss in die neueste Zeit!"

Eine Woche später, am frühen Morgen des 15. September 1968, feiert Pater Kentenich mit den Marienschwestern der Westprovinz, deren Oberin heute Namenstag hat, Gottesdienst in der erst kürzlich eingeweihten Schönstätter Anbetungskirche. Nach der Messe will er ihnen in der unterirdischen Aula einen Vortrag halten. Doch die mehr als hundert versammelten Schwestern warten vergeblich. Droben in der Sakristei segnet Kentenich ein Päckchen mit Rosenkränzen, betet eine Weile still mit gefalteten Händen, dann fällt er plötzlich nach vorne auf den Ankleidetisch.

Zwei Patres und eine Schwester laufen herbei, versuchen den zusammengesunkenen Körper aufzurichten. Er ist zu schwer. Sie lassen ihn sanft zu Boden gleiten, schieben ihm ein Kissen unter den Kopf. Kentenich greift sich ans Herz, atmet noch ein paar Minuten, erhält in aller Eile die letzte Ölung, wie man die Krankensalbung damals noch nennt. Der alarmierte Arzt kann nur noch den Tod feststellen.

Das rührendste Beileidsschreiben kommt vom Präfekten des Heiligen Offiziums, Kardinal Alfredo Ottaviani, einem beinharten Konservativen und seelenguten Menschen, dem es wohl leid tut, was seine Behörde dem Schönstattgründer angetan hat: Er vertraue darauf, dass Joseph Kentenich „nun am Thron Gottes mit väterlicher Liebe über jenes Werk wachen wird, für das er während seiner irdischen Pilgerschaft so manches erlitten hat“.

Man setzt ihn dort bei, wo er gestorben ist, in der zur Gedenkstätte umfunktionierten Sakristei, in einem schlichten Sarkophag aus grauem Basalt. Eineinhalbtausend Marienschwestern, mehr als 200 Priester, mehrere Bischöfe und der Apostolische Nuntius Corrado Bafile begleiten den Sarg hinunter zum Heiligtum der Dreimal Wunderbaren Mutter im Tal, wo Kentenich 53 Jahre zuvor die Schönstattfamilie gegründet hat, und wieder hinauf in die Anbetungskirche.

Auf dem Sarkophag stehen, wie er es sich gewünscht hat, nur zwei Worte: *Dilexit Ecclesiam,* „er liebte die Kirche“.

Und wieder kommt einem das Kentenich-Musical von Wilhelm Willms in den Sinn und sein Vorspruch:

„immer
ist christenleben
gewagtes leben
risikoreiches
ja reiches leben
ein gefährlicher weg
weil
ein weg der liebe
(...)
und wer auf diesem weg
unverwundet
unbeschadet
davonkommt
muss sich fragen
ob er
auf dem wahren weg ist
(...)
jesus christus
und mit ihm alle
die ihm folgen
wird man
am tiefsten
an ihrer bereitschaft
sich verwunden
zu lassen erkennen“

IX
DAS ERBE:

Hundert kleine „Schönstatts", um Kirche und Welt zu retten

„Alle Träume unseres Lebens sind Paradiesesträume"

Was bleibt von dem Feuerkopf, zu dessen Grab die Menschen heute wie damals voller Liebe und Vertrauen pilgern und für den 1975 in Trier der Seligsprechungsprozess eingeleitet worden ist?

Es bleiben seine Gründungen: mehr als zwei Dutzend geistliche Gemeinschaften, die je auf ihre Weise versuchen, Kentenichs Traum vom „neuen Menschen in neuer Gemeinschaft" zu verwirklichen. Mehr als 120 Zentren mit einem Marienheiligtum und einem Bildungshaus in über 40 Ländern, lauter kleine „Schönstatts", Vorboten einer frischen, wieder jung gewordenen Kirche, „in der das Leben den Vorrang hat vor dem Recht" (Karl-Heinz-Mengedodt), offen für das freie Wehen des Heiligen Geistes und ebenso offen, ohne misstrauische Angst, für die „Welt", die auf Christus wartet.

Die Schönstattfamilie: 100 000 Menschen in allen Erdteilen, die Christusträger sein wollen wie ihre himmlische Schützerin Maria, erfüllt von prophetischer Unruhe, hinter der „gottesflüchtigen" die „gottessüchtige"

Welt wahrnehmend (Kentenich) und ebenso mutig wie hartnäckig an einer neuen „Zivilisation der Liebe“ arbeitend (Paul VI.).

Die Sehnsucht nach dem Unendlichen

Es bleiben aber auch seine Visionen. Die Überzeugung, dass dieses Leben mit seinen Freuden und Sorgen, Sternstunden und Niederlagen nicht das Letzte ist, dass der Mensch für die Ewigkeit geschaffen wurde und die Welt immer noch auf ihre Vollendung in einer neuen Schöpfung wartet.

„Die Unruhe unseres Herzens und alle Träume unseres Lebens sind letztlich Paradiesesträume“, wusste Pater Kentenich. „Die Sehnsucht nach dem verlorenen Paradies, das heißt nach der vollendeten Umformung und Verklärung und Vergöttlichung unseres eigenen Wesens, der ganzen menschlichen Gesellschaft und der Welt, will uns nicht zur Ruhe kommen lassen.“

Wie jeder echte Visionär gab er sich nicht mit aktuellen Programmen und kurzfristigen Zielen zufrieden. „Das Heute und das Morgen will nur als Übergang aufgefasst werden“, erklärte er. „Vorläufige Endstation der Weltgeschichte ist das Übermorgen.“ Hier schließt sich seine bereits zitierte Prophezeiung von einer neuen Blütezeit des Christentums an: „Hat der Zusammenbruch seinen höchsten Grad erreicht, haben sich alle Kräfte samt und sonders leergelaufen, so dürfte die Erkenntnis durchbrechen, dass nur das Christentum fähig ist, die

Welt vor dem Abgrund zu retten, dass es allein die Pläne Gottes, seine Uridee vom Menschen richtig deuten und verwirklichen kann."

„Dann wird es wieder eine Lust sein zu leben", schwärmt er mit ansteckender Begeisterung. „Die Erde wird in ein Stück Paradies verwandelt, ohne aufzuhören, Tränental zu sein." Denn die Bewohner dieses Paradieses sind ja belastete, sündige Menschen, die der Erlösungsgnade „die Härte der kranken Natur und die Suggestion der Masse" entgegensetzen. Freilich auch das ehrliche Bemühen, das Schönstatter Ideal zu verwirklichen: den neuen Menschen in der neuen Gemeinschaft.

„Unsere Situation ist ähnlich wie zur Zeit des Urchristentums", behauptet Kentenich. „Das Urchristentum musste einen Riesenkampf kämpfen mit der diesseits orientierten Welt. Um nicht zu erlahmen, verzichtete es freiwillig auf viele edle, natürliche Güter, um sich ganz ungeteilt und ungebrochen auf das religiös-sittliche Ideal konzentrieren zu können. Damit ist unser Weg gekennzeichnet. Wir hoffen nicht so sehr durch Worte, sondern mehr durch unser Leben und Streben eine ins Irdische gesunkene Welt aufhorchen zu lassen und wenigstens in ihr die Sehnsucht zu wecken nach Aufriegelung der verschlossenen Tore ins Übernatürliche, ins Göttliche, ins Unendliche."

In jedem Zusammenbruch, jeder Katastrophe, so bilanzierte Kentenich 1949, vier Jahre nach dem Ende des Nazi-Terrors, liege auch der „Übergang zu einer neuen Welt mit geheimen Wachstumsgesetzen", zu einem „hellen neuen Morgenrot". Alles „Gären und Brodeln" bedeute doch nur den „Gestaltwandel des Gottesreiches hier auf Erden". Statt Völkergeschichten Weltgeschichte. Statt abgeschirmter katholischer Territorien mit ihrer „religiös getränkten Gemeinschaftsatmosphäre" ein hemmungsloses Ineinanderfluten geistiger Strömungen. „Es ist nur die Frage, wer soll Herr dieser neuesten Zeit und Welt sein?"

Und – zweite Frage – wo liegen die spezifischen Aufgaben der Schönstattbewegung in dieser grundstürzenden Wende?

In der Entwicklung eines neuen Gespürs für das Beziehungsgefüge zwischen Mensch, Welt und Gott. Im Respekt vor dem Leben angesichts der brutalen Ausbeutung der Schöpfung, der Zerstörung von Lebensräumen, der zynischen Einstellung zum werdenden, zum behinderten, zum alt und unproduktiv gewordenen Leben. Joseph Kentenich 1966: „Wir wollen einen Kreuzzug des organischen Denkens, Liebens und Lebens inszenieren!"

Vom gleichen Autor im Patris Verlag erschienen:

Christian Feldmann

Gottes sanfter Rebell

Joseph Kentenichs Vision von einer neuen Welt

Als E-Book
eISBN 978-3-87620-402-4

Christian Feldmann

Einen Eid auf Hitler? Nie!

Franz Reinisch – Ein Leben für die Menschenwürde

Der aus Tirol stammende Pallottiner-Pater und Mitarbeiter von Pater Kentenich in Schönstatt, Franz Reinisch, war nie im KZ, aber wurde von der Gestapo nach regimekritischen Äußerungen mit einem Predigtverbot belegt und schließlich am 21. August 1942 enthauptet.
140 Seiten, kartoniert
ISBN 978-3-87620-310-2

Auch als E-Book erhältlich
eISBN 978-3-87620-401-7

Christian Feldmann
Freie Charaktere
Eine Kurzbiographie

Zum 125. Geburtstag von Pater Joseph Kentenich am 16. 11. 2010
48 Seiten, vierfarbig, geheftet
ISBN 978-3-87620-358-4

Christian Feldmann
Sieben Menschen gegen den Hass
Kämpfer gegen die Nazi-Diktatur

Sieben kurze Portraits von Menschen, die sich gegen den Nationalsozialismus zur Wehr gesetzt haben.
50 Seiten, 7 Illustrationen, gebunden
ISBN 978-3-87620-289-1

Christian Feldmann

Sieben Feuer der Liebe

Mystikerinnen und Mystiker

Sieben kurze Portraits von Menschen, die von Gott fasziniert waren.
46 Seiten, 7 Illustrationen, gebunden
ISBN 978-3-87620-300-3

Christian Feldmann

Sieben Klänge aus dem Himmel

Musiker vertonen christliche Spiritualität

Sieben kurze Portraits von klassischen Musikern, die das Göttliche durch ihre Kunst zum Klingen bringen.
50 Seiten, 7 Illustrationen, gebunden
ISBN 978-3-87620-293-8